DÉFENSE DE LA LIBERTÉ

ŒUVRES DE COLETTE BEAUCHAMP

Le Silence des médias, les femmes, les hommes et l'information, Montréal, Les Éditions du remue-ménage, 1987.

Judith Jasmin, de feu et de flamme, biographie, Montréal, Éditions du Boréal, 1992.

Judith Jasmin

DÉFENSE DE LA LIBERTÉ

Textes recueillis et présentés par Colette Beauchamp

Boréal

Collection « Papiers collés »

Conception graphique : Gianni Caccia
Photo de la couverture : Paul Christin, Archives nationales du Québec

© Les Éditions du Boréal
Dépôt légal : 4ᵉ trimestre 1992
Bibliothèque nationale du Québec

Diffusion au Canada : Dimedia
Distribution en Europe : Les Éditions du Seuil

Données de catalogage avant publication (Canada)

Jasmin, Judith

    Défense de la liberté

    (Collection Papiers collés)
    ISBN 2-89052-501-5

I. Beauchamp, Colette. II. Titre. III. Collection.
AC25.J37M   1992   084'.1   C92-097241-1

UNE VOIX INIMITABLE

par Colette Beauchamp

L e public des vingt premières années de la télévision conserve des souvenirs impérissables de Judith Jasmin. Cette grande femme blonde, sérieuse — la première à traiter d'information politique et internationale à la radio et à la télévision — faisait entrer le monde dans nos foyers. Elle nous expliquait la faim à l'échelle de la planète, la ségrégation raciale aux États-Unis, elle nous révélait le Cuba de Fidel Castro, l'Espagne de Franco, l'Algérie indépendante, la révolution tranquille du Pérou, le miracle industriel du Japon ou, plus près de nous, les Inuit et les Indiens du Nouveau-Québec.

Le regard de Judith Jasmin sur les choses était celui de l'intelligence, de l'envergure et de la lucidité. D'une culture et d'une érudition exceptionnelles, elle abhorrait pourtant le langage abscons des spécialistes. Son art fut de chercher à nous faire comprendre des réalités et des êtres à travers sa sensibilité de femme, sa compassion pour l'humanité et une conscience sociale toujours en éveil. Ses reportages offraient un alliage structuré et fluide où l'émotion s'intégrait à la précision des faits, à la richesse de l'information, à l'authenticité des témoignages. Devant le petit écran, nous n'étions plus seulement appelés à saisir intellectuellement une situation, un problème, des données, nous sentions les êtres qui les vivaient. Judith Jasmin nous touchait parce qu'elle ne se contentait pas d'expliquer la situation politique et sociale d'un pays, elle en analysait les répercussions sur la population — ses droits, ses conditions de vie, son bonheur. Dans tous ses reportages comme dans toutes ses conférences publiques, elle faisait place aux enfants, aux femmes, aux petites gens, à la vie quotidienne. Elle ne craignait ni sa propre capacité de s'émouvoir ni la teneur émotive des faits, et elle était touchée par la douleur, la misère tout comme le courage, l'espoir et les réalisations humaines, non par la compétition, la conquête individuelle du pouvoir et les réussites financières. Elle bouleversait doublement les règles d'un métier défini au masculin qui font de la « neutralité émotive » le rempart de l'objectivité et mettent de l'avant les valeurs intellectuelles et matérielles pour reléguer au domaine de la vie privée et à un plan secondaire les valeurs humaines et spirituelles.

Sans jamais tomber dans l'exploitation facile de l'intimité des gens ou dans la surenchère des émotions bon marché, elle introduisait dans chacune de ses entrevues la dimension affective et la recherche de l'individualité de chaque être. Les membres des équipes de tournage racontent les uns après les autres ces moments magiques où ils assistaient, émus, à sa rencontre avec une mère de famille québécoise ou inuit comme avec des écrivains, des artistes, des explorateurs, des scientifiques célèbres — André Breton, Marcel

Pagnol, Le Corbusier, Abel Gance, Eugène Ionesco, Henry de Montherlant, James Baldwin, Christiane Rochefort, pour n'en nommer que quelques-uns. La critique louait unanimement son talent, mais plus d'un de ses reportages suscita la controverse. Son objectivité était une recherche passionnée et attentive des faits... mais elle avait la « mauvaise habitude » de dire des réalités qui ne plaisent pas nécessairement aux pouvoirs en place, qui surprennent ou dérangent le public. Au début des années soixante, les idées de « gauchisme », de « socialisme », de « laïcisation » faisaient encore très peur. Ainsi, la prise du pouvoir à Cuba par Fidel Castro effraya toute l'Amérique du Nord. Judith Jasmin et l'équipe proposèrent le point de vue cubain dans leur reportage sur ce pays. Washington fit connaître immédiatement sa désapprobation à Ottawa et Ottawa la sienne à la direction du réseau français de Radio-Canada, qui reprocha à sa journaliste d'avoir conclu l'émission par un commentaire politique personnel et la surveilla de près par la suite. Lors de la diffusion de son reportage sur l'Espagne, ce fut au tour de l'ambassade de ce pays d'en dénoncer publiquement le contenu. Ici même, au Québec, une enquête qu'elle mena auprès d'étudiants universitaires sur leurs convictions politiques, religieuses, sociales et nationalistes, souleva la colère d'un député de l'Union nationale qui dénonça énergiquement l'émission à l'Assemblée et demanda à son gouvernement de protester officiellement contre l'utilisation des ondes à des fins antireligieuses et antinationalistes. Judith Jasmin faisait le choix des invités en accord avec le réalisateur de l'émission, qui, au surplus, avait le dernier mot sur le contenu et choisissait le matériel présenté à l'écran ; mais, chaque fois, la journaliste recevait tout le blâme comme tout le crédit. D'un côté, des politiciens demandaient sa tête ; de l'autre, la direction de Radio-

Canada lui reprochait de manquer d'objectivité et de vouloir faire du journalisme d'opinion et de combat.

Judith Jasmin était en effet une combattante, une combattante de la liberté. Comme son alter ego des premières années de reportage, René Lévesque, elle croyait que « pour être libre, il faut être informé » et voyait l'information comme un service public et un puissant moyen d'éducation populaire. Sa carrière est un exemple d'exigence et de courage. Elle a défendu la liberté d'informer et le droit du public à l'information, malgré les revers et les difficultés, toujours prête à en assumer le coût personnel — à ses yeux, la responsabilité journalistique était à ce prix. Même si des réalisateurs avaient porté leur choix sur elle, elle n'anima jamais de série d'émissions d'affaires publiques diffusées en direct ni sa propre émission — on la jugeait « trop dangereuse ». Elle s'inscrivait dans les préoccupations de son temps, faisant constamment le lien entre celles de son milieu et les questions que se posait l'humanité ailleurs dans le monde. Elle aurait voulu que tous les enjeux sociaux soient traités sur la place publique afin que les téléspectateurs comprennent ce qui se passait autour d'eux. Ses patrons refusaient régulièrement des sujets qu'elle proposait. Elle s'inclinait, mais aucune rebuffade, aucune remontrance ne la rendit plus timide par la suite quand elle eut à rapporter ce qu'elle voyait, ce qu'elle comprenait d'une situation, que la réalité décrite plaise ou déplaise à des gouvernements ou que ses patrons approuvent ou désapprouvent son approche. Sa première loyauté allait au public.

Judith Jasmin fut aussi un phare pour ses collègues, pour les femmes et pour le public par ses engagements avant-gardistes en faveur de la création d'écoles laïques, contre la guerre et l'armement nucléaire, contre le racisme à l'endroit des Noirs, contre toutes les formes d'atteinte à la liberté et à la justice. Elle transgressait ce faisant des préjugés et des tabous de son époque ; ses prises de position publiques avaient d'autant plus de poids qu'elle était une femme, et qu'elle avait une réputation de rigueur intellectuelle. Judith Jasmin ne voyait aucune contradiction entre l'objectivité journalistique et l'engagement social individuel. L'une de ses grandes forces était son respect du public et sa foi dans la liberté de celui-ci. Elle croyait à la transparence des rapports entre journalistes et téléspectateurs. Pourquoi, par exemple, se cacher de favoriser un système d'enseignement laïque, si, par ailleurs, on fait une information honnête et rigoureuse ? Le public pourrait d'autant mieux évaluer ce qu'il reçoit en sachant à quelle enseigne loge le reporter. Et pourquoi l'objectivité d'un journaliste qui défend cette position serait-elle davantage mise en cause que celle d'un autre favorable aux écoles confessionnelles ? La neutralité n'existe pas : l'angle choisi pour traiter un sujet ou le genre de questions posées à un invité trahissent de toute façon les couleurs d'un journaliste.

Ce n'est pas la définition que donnent généralement de l'objectivité la profession ou les patrons de presse. Au début des années soixante, à mesure que le journalisme électronique se structurait, la direction de l'information de Radio-Canada en précisait les règles, exigeait l'exclusivité des services de ses journalistes pigistes et, pour garantir leur « neutralité », leur interdisait toute collaboration à un autre média, tout engagement public et le droit, à titre de citoyens, d'émettre publiquement leur opinion sur un enjeu social ou politique. Judith Jasmin fut mise en demeure de choisir entre sa carrière et son engagement au Mouvement laïque de langue française et dut démissionner de la vice-présidence de l'organisme. Quelques années plus tard, elle participa à titre individuel à une manifestation contre la discrimination raciale à la Foire internationale de New York. Elle se retrouva en prison et fit la une des journaux montréalais qui louaient son courage... alors que Radio-Canada aurait bien voulu étouffer l'affaire.

De par son éducation européenne et l'influence d'un père nationaliste et socialiste, le notaire Amédée Jasmin, elle professe très tôt des idées en avance sur la société canadienne-française de son époque. À vingt ans, elle se déclare féministe, s'affirme contre le nazisme et le franquisme et en faveur des théories égalitaires, et remet en cause l'autorité toute-puissante de l'Église sur la vie civile et sur l'éducation. De cinq à seize ans, elle avait vécu en France, d'abord avec sa famille, ensuite comme étudiante au lycée de Versailles. Au retour, ayant à se réinsérer dans le Montréal des années trente, fermé sur lui-même, ultra-catholique et sous-développé culturellement, elle subit un choc culturel qui l'ébranlera plusieurs années durant. La dépression économique ajoute à sa déception et brise son rêve de poursuivre des études universitaires.

Judith Jasmin se tourne vers le théâtre pour gagner sa vie. Après des débuts remarqués à la scène, elle devient, à vingt-deux ans, l'une des vedettes les plus populaires et les plus aimées de la radio dans le rôle d'Élise Velder de *La Pension Velder*, radioroman de Robert Choquette qui prendra ultérieurement le titre de *Métropole*. Tout en poursuivant sa carrière de comédienne, elle fait de la réalisation. Le théâtre est en crise à Montréal, et la radio demeure le principal lieu de production théâtrale et d'éducation du public. Judith Jasmin lance des émissions consacrées aux jeunes auteurs canadiens-français, se fait remarquer par ses critiques théâtrales et ses conférences sur le sujet.

À trente ans, elle passe au Service international de Radio-Canada comme speakerine et réalisatrice et commence à faire du journalisme avec René Lévesque, un jeune reporter revenu d'un séjour en Europe comme correspondant de guerre pour les services de l'armée américaine mais que personne ne connaît encore. Ils créent, en 1953, le premier service de reportages du réseau français de Radio-Canada — lui dirige le service, elle est la seule employée. L'arrivée de la télévision, qui a un immense impact sur le réveil et l'évolution de la société canadienne-française, propulse Judith Jasmin à l'avant-scène du journalisme électronique. Au printemps de 1956, René Lévesque n'obtient pas le salaire qu'il réclame et quitte la direction du Service des reportages et l'émission télévisée *Carrefour* pour devenir agent libre et animer l'année suivante la célèbre émission *Point de mire* sur des questions d'actualité internationale. La direction du service revient de droit et de compétence à Judith Jasmin, mais à l'époque, le plus évolué des patrons n'aurait pas confié un poste de direction à une femme. Judith Jasmin démissionne à son tour de *Carrefour* pour devenir à son corps défendant la première correspondante pigiste de Radio-Canada à Paris.

En 1959, elle rentre à Montréal et participe aux émissions d'affaires publiques de Radio-Canada, *Premier Plan* et *Champ libre*, où elle s'illustre par ses entrevues avec des sommités du monde culturel, artistique et scientifique international et par ses grands reportages sur divers pays. Mais elle dérange trop et, en 1966, on n'a plus rien à lui offrir. Récupérée par le Service des nouvelles de Radio-Canada, elle devient la première Canadienne correspondante à l'étranger, d'abord à New York, aux Nations Unies, puis à Washington, en cette période où le peuple américain est déchiré par les tensions raciales, la contestation sociale, la guerre du Viêt-nam, et bouleversé par les assassinats de Martin Luther King et du sénateur Robert Kennedy. Elle réussit, avec des topos d'une minute quarante et des émissions spéciales à passionner l'opinion publique québécoise pour ce qui se passe sur la scène internationale et aux États-Unis... mais tous ses topos ne seront pas diffusés, car on continue de lui reprocher de manquer d'objectivité. La maladie la force à revenir à Montréal en 1970, où, avec la même passion de vivre, elle continue son métier et poursuit sa lutte contre le cancer. Elle reçoit le prix Olivar-Asselin en mars 1972 avant de s'éteindre le 20 octobre suivant, à l'âge de cinquante-six ans.

Défense de la liberté réunit un choix de treize textes de Judith Jasmin rédigés entre 1952 et 1969. Après un texte liminaire sur l'engagement, l'ouvrage se divise en deux parties. La première regrope des interventions sur différents faits de société tandis que la seconde réunit des textes de reportages diffusés à la télévision de Radio-Canada. Les uns et les autres sont présentés par ordre chronologique. Les textes de ses interventions — conférences publiques ou autres — nous permettent de connaître de façon plus précise les idées et les valeurs qui étaient les siennes et qui sous-tendaient son approche journalistique. Certains, écrits il y a pourtant trente ans, restent d'une troublante actualité ; d'autres traduisent sa vision du nationalisme canadien-français, de l'indépendance du Québec, du terrorisme, et brossent un tableau vivant du bouillonnement social des années soixante. Les textes de ses reportages télévisés illustrent sa façon d'approcher une réalité, une situation, une problématique ; ils montrent comment, chaque fois, elle cherchait à l'expliquer du point de vue du peuple ou des êtres qui la vivaient, comment elle savait faire passer, dans une langue simple mais imagée, la rigueur et la teneur émotive des faits.

Le texte liminaire, « L'engagement de la journaliste », donné lors d'un colloque sur l'engagement organisé par le Cercle des femmes journalistes, le 23 mai 1964, explique la vision qu'avait Judith Jasmin du rôle social des journalistes et remet en cause la notion traditionnelle de l'objectivité en information. À l'heure où la mondialisation de l'information, les possibilités technologiques et les tendances au sensationnalisme, à l'information-spectacle et à la nouvelle instantanée ne sont pas sans poser de sérieuses questions sur l'éthique journalistique et sur la responsabilité des professionnels de l'information, Judith Jasmin nous propose une réflexion de pointe.

Au début des années cinquante, quatre cents femmes se pressent au Château Frontenac, à Québec, et deux cents autres à Saint-Jérôme pour entendre parler Judith Jasmin de « La femme et son univers », conférence reprise avec le même succès à Ottawa et à Rimouski. Après la guerre de 1939-1945, pendant laquelle le gouvernement avait déployé tous ses efforts afin de recruter la main-d'œuvre féminine pour les usines d'armements, une nouvelle propagande s'adresse aux femmes. Tous les médias glorifient le rôle de la ménagère-mère-de-famille moderne, cette superfemme belle et élégante, maîtresse de maison et éducatrice hors pair, ouverte aux arts, à la littérature et à la politique, ce que l'Américaine Betty Friedan appellera la « mystique féminine » ; les revues féminines publient des romans complets mais n'offrent aucun article sur la condition des femmes. C'est une véritable concertation des autorités politiques, religieuses, économiques et sociales pour persuader les femmes que leur vraie place est au foyer auprès de leur mari et de leurs enfants. Cet appel aux femmes n'aura pas l'effet escompté auprès des travailleuses ; par ailleurs, l'éducation supérieure s'ouvre aux filles et les professions de secrétaires, d'enseignantes, d'infirmières, de travailleuses sociales, de techniciennes en radiologie deviennent populaires. Le droit de vote a été conquis, mais le féminisme rentre lui aussi à la maison : il n'existe plus d'associations, les revendications et le discours public se sont tus. Les femmes n'en continuent pas moins de changer et d'évoluer individuellement : on les voit plus nombreuses écrire, devenir animatrices, journalistes, scripteures, militer avec leurs maris dans les mouvements d'action catholique et s'engager publiquement pour des causes culturelles, sociales et politiques ; occupées à tenter de conjuguer engagement public et vie familiale, elles ne revendiquent plus[1]. Mais quand Judith Jasmin parle de féminisme, elles sont au rendez-vous. « La femme et son univers » traduit l'attitude générale de l'époque : la question féminine est résolue, les femmes n'ont qu'à prendre leur place dans la société et à s'intéresser aux causes sociales, culturelles et politiques de leur choix, tout en demeurant de « vraies femmes » et en continuant d'élever leur famille. Judith Jasmin y trace néanmoins un intéressant portrait du mouvement d'émancipation des femmes et de leur apport spécifique à travers les âges, introduit des idées nouvelles pour son époque sur l'image dégradante des femmes véhiculée par la publicité et sur la nécessité, pour les femmes, de jouer un rôle actif, aussi bien dans leur foyer que dans la vie publique, à partir de leurs qualités propres.

« Reportage sur le Canada français », une conférence que Judith Jasmin prononça devant les membres du Club Richelieu de Trois-Rivières le 26 novembre 1960, trace un portrait éloquent de la société québécoise au bord de la Révolution tranquille ; il met en lumière le contraste entre le confort matériel et l'abondance dont jouissent les Canadiens français depuis la fin de la guerre et la crise d'identité qu'ils traversent comme peuple.

En septembre 1962, Judith Jasmin est la conférencière invitée au congrès annuel de La Voix des femmes, vaste organisation pacifiste internationale, fondée au Canada anglais en 1960, dont Thérèse Casgrain créa l'année suivante la filiale québécoise et qui se révèle une véritable école d'action politique pour les femmes. L'appel de Judith Jasmin en faveur de la paix et contre l'armement nucléaire s'appuie sur des valeurs dites féminines de concertation, de dialogue ; elle refuse carrément les arguments fatalistes : « la guerre est inévitable » — l'instinct guerrier étant un trait de la nature humaine — ou « la guerre est un stimulant économique », et définit le sens d'une véritable paix et les moyens à mettre en œuvre pour y parvenir. Sa proposition demeure d'une étonnante actualité.

Judith Jasmin lance un appel en faveur d'un nationalisme positif dans une conférence prononcée le 28 février 1963 devant les membres du Club Kiwanis de Laval. Le journaliste de *La Presse* qui couvre l'événement écrit : « Ayant presque fait le tour du monde, [...] elle apporte dans un débat confus des concepts — classiques ailleurs mais encore neufs ici — tels que ceux de la "dépersonnalisation" et de la "colonisation"[2]. » C'est un texte d'une puissante lucidité et d'une grande vigueur intellectuelle sur les enjeux et les défis qui se posaient à l'époque au peuple canadien-français.

Jusqu'à la fin de sa vie, Judith Jasmin demeura publiquement discrète — métier oblige — sur son option indépendantiste. Cela ne l'empêcha pas d'intervenir à des moments qu'elle jugea importants dans le débat public sur la question. Il faut expliquer qu'au début des années soixante, les journalistes faisaient partie des intellectuels qui participaient au renouveau social en cours. Les journalistes de la presse écrite, certains du moins, se prononçaient publiquement sur les enjeux sociaux et politiques, ceux de Radio-Canada aussi jusqu'à ce que la Société établisse des règles restrictives à ce sujet. En mai et juin 1963, Judith Jasmin était en reportage en Algérie, pays qui avait accédé à l'indépendance un an plus tôt par une révolution. Avant son départ de Montréal, un mouvement terroriste, le Front de libération du Québec, était entré en scène. D'Alger, la journaliste envoie au *Devoir* une lettre adressée au FLQ. Elle y appelle les jeunes terroristes à la non-violence en prenant pour point d'appui la différence entre la situation sociale et politique de l'Algérie avant la guerre de libération et celle qui prévaut au Québec. *Le Devoir* ne publie pas immédiatement sa lettre. Entre-temps, une vingtaine de présumés felquistes, pour la plupart des jeunes dans la vingtaine et membres du Rassemblement pour l'indépendance nationale (RIN), sont arrêtés. Au retour d'Algérie, Judith Jasmin convient avec la direction du quotidien de ne pas publier sa lettre, vu la tournure des événements. À sa grande surprise, *Le Devoir* la publie quand même, sous le titre « Lettre ouverte aux terroristes », le 4 juillet, en plein débat passionné qui mêle le terrorisme au nationalisme et à l'indépendance et à un moment où les autorités gouvernementales et policières sont prêtes à prendre des mesures exceptionnelles susceptibles d'enfreindre les droits des prisonniers. Le lendemain, Judith Jasmin fait publier une mise au point. Ces deux lettres sur le terrorisme résument bien sa vision politique des choses — une vision vaste et large — sa cohérence, sa droiture, sa lucidité, son empathie et son sens de la justice.

Quand le jeune sénateur de New York, Robert Kennedy, candidat à la présidence des États-Unis, fut assassiné en juin 1968, en pleine campagne électorale, Judith Jasmin était correspondante de Radio-Canada à Washington. Elle livra à cette occasion, à la télévision du réseau français, un topo à sa manière sur la stupeur et le désarroi du peuple américain, émouvant par la sobriété du ton et la perspicacité du propos ; l'impact sur le public fut tel que le texte fut publié dans *La semaine à Radio-Canada* à la demande de téléspectateurs.

Sa conférence prononcée devant une association de Québec, à l'occasion de la célébration de la Journée des Nations Unies, le 24 octobre 1969, montre une autre dimension de la défense de la liberté pour Judith Jasmin, cette fois sur le plan de la politique internationale, défense qui se traduit ici par son anticolonialisme et son opposition aux systèmes d'oppression. Chiffres et faits à l'appui, elle dénonce entre autres le manque de générosité des pays riches, pour qui l'aide internationale n'est qu'une forme déguisée d'exploitation. C'est encore au nom de la liberté et de la justice qu'elle défend l'égalité politique des pays du tiers monde face aux pays développés. D'autre part, son analyse très critique de la politique étrangère américaine la rattache au courant de pensée européen qu'incarne, par exemple, le rédacteur en chef du *Monde diplomatique*, Claude Julien. Ces positions étaient alors plutôt exceptionnelles dans le monde journalistique nord-américain.

Judith Jasmin a effectué de 1960 à 1966 de grands reportages sur divers pays du monde. Celui qu'elle rapporta d'Algérie avec le réalisateur Marcel Blouin, en 1963, « L'Algérie, l'an II de l'indépendance », illustre son approche journalistique tournée vers le peuple algérien, ses luttes, ses ferveurs, ses espoirs. « Voir vivre l'Algérie et la comprendre », écrit-elle dans le texte de l'émission. Ce reportage sur lequel la haute direction de Radio-Canada émit des réserves et qui n'aurait pu être présenté à l'époque en France, fut traduit et présenté sur le réseau américain de télévision éducative.

En août 1963, Judith Jasmin effectue avec le réalisateur Gilles Derome un reportage sur la question noire aux États-Unis. Pendant l'été, malgré les appels à la non-violence du pasteur Martin Luther King, le plus populaire des leaders noirs américains, la violence avait éclaté dans les villes du sud. Des manifestations tournaient à l'émeute, des bombes explosaient et même King, qui recevrait l'année suivante le prix Nobel de la paix, était jeté en prison. Après s'être rendue dans le sud, l'équipe couvre dans la capitale américaine la Grande Marche sur Washington, d'une durée de cinq heures, d'une ampleur sans précédent et qui rassemble plus de deux cent mille personnes.

Le texte du reportage « Les Fils d'Inuk » montre une autre facette de l'art de Judith Jasmin. Elle y traduit par touches simples, à travers les gestes du quotidien, la réalité sociale et économique des Inuit, une population en pleine transition, à la porte du monde moderne qui menace son indépendance, son autonomie et sa dignité.

Le reportage sur les Indiens du Nord du Québec soulevait en 1965, à l'adresse d'un Québec en plein élan d'autonomie, un problème moral et social dont il ne se souciait guère, celui des conditions faites à cette minorité. Le documentaire de *Champ libre* éveillait une fois de plus la conscience du public téléspectateur à une réalité cachée. Le sens profond de la liberté, de la justice, de l'égalité chez Judith Jasmin, sa conviction des droits des minorités l'amenaient d'un reportage à l'autre à souligner des aspects que bien d'autres n'auraient pas vus. C'est ainsi qu'il y a trente ans, elle faisait état des droits des premiers occupants du Canada, une question qu'eux-mêmes forcent aujourd'hui les Québécois et les Canadiens à considérer.

Notes

1. Le Collectif Clio, Micheline Dumont, Michèle Jean, Marie Lavigne, Jennifer Stoddart, *L'Histoire des femmes au Québec depuis quatre siècles*, Montréal, Les Quinze éditeur, 1982.
2. Raymond Grenier, « Judith Jasmin réclame un nationalisme positif », journal non identifié et sans date, probablement *La Presse*, Fonds Judith-Jasmin, P143/6/63, Archives nationales du Québec à Montréal.

LIMINAIRE

L'ENGAGEMENT DE LA JOURNALISTE

Conférence prononcée à l'occasion d'un colloque sur l'engagement, devant le Cercle des femmes journalistes, le 23 mai 1964

L'engagement social, par définition et tout sèchement, c'est une prise de position devant les problèmes de notre époque en ce qui concerne l'organisation de la société.

Cette prise de position, qui est d'abord d'ordre personnel et privé, peut être projetée dans l'œuvre d'un écrivain, qu'il soit romancier, dramaturge, poète ou journaliste. Par exemple, Dickens, Sartre, Camus, Emmanuel Mounier et Simone de Beauvoir sont des écrivains engagés. Ils ont traité dans leur œuvre, au point d'en faire l'axe, les grands problèmes sociaux de leur temps. Le paupérisme et le travail des enfants chez Dickens ; le communisme, la question juive, la torture, le colonialisme, la liberté chez ces écrivains français contemporains.

C'est dire que l'engagement social peut nourrir une œuvre littéraire qui, par définition, se doit d'être universelle. Mais on n'atteint l'universel qu'à travers le particulier. Le particulier, essentiellement, c'est l'homme : l'homme et sa conscience, l'homme et son destin, l'homme et ses dieux, l'homme et les *autres*. La société, c'est l'homme et les autres. Quels rapports établir entre eux ? Selon quelles normes ou quels principes ? Le théologien fixe les lois immuables de ce destin ; le philosophe discute l'évolution de la pensée humaine. L'homme social, lui, essaie de se situer dans la réalité objective, dans ses rapports objectifs avec les autres.

Une vision lucide de notre époque ne peut être qu'une vision tragique. Notre univers n'est pas un lieu de joie, d'amour et de... [passage illisible] Guerres, misères, tortures, camps de morts, déportations, famine, sous-alimentation, injustice, déni de droits civils, discrimination raciale, oppression des minorités, menace de destruction atomique... Ou bien alors, c'est que nous vivons en serre chaude et refusons de rien connaître ni du monde ni des autres.

Devant ce « tragique » de notre époque, pour employer l'expression de Malraux, et sans doute de toute condition humaine, quelle attitude adopter ? Fermer les yeux, ne plus penser, se griser, vivre vite, se dire que le malheur c'est pour les autres ? C'est une attitude qui correspond à une réaction de peur ou de paresse.

Chez l'écrivain (et j'insère le journaliste parmi les écrivains), cet aveuglement est impossible. S'il a choisi d'écrire, même un simple billet à la page 20 du plus « grand quotidien », cela veut dire qu'il a choisi de s'interroger, si peu soit-il, sur lui-même et sur les autres, au moins de temps en temps. S'il se pose des questions, il en viendra à celle-ci : « Comment répondre à un univers tragique ? Comment, sans désespoir, l'accepter et y vivre ? »

L'homme religieux a des réponses sur le plan spirituel. Sur le plan des relations humaines, il n'y a qu'une réponse qui ne conduise pas au désespoir, c'est de faire front, de lutter, de s'engager. C'est accepter l'aventure et, si possible, le courage. C'est une façon de vivre qui permet de s'insérer dans un monde qui serait autrement désespérant, parce que absurde et injuste. Voilà pourquoi j'ai choisi l'engagement, tout comme vous toutes d'ailleurs. Autrement nous ne serions pas journalistes, autrement nous n'aurions même pas rêvé une seconde d'écrire dix lignes. C'est parce que nous avons voulu faire front, un jour, pour essayer de changer quelque chose à ce monde chaotique, que nous avons cherché une tribune, si petite soit-elle.

Cet engagement personnel, nous l'avons pris le jour où nous avons ressenti très profondément l'injustice. Dans les conversations, dans les gestes que nous faisons quotidiennement, nous faisons foi de cet engagement. Mais l'important pour nous est de projeter cette attitude dans notre travail, celui de journaliste. C'est là où les difficultés commencent. Elles sont très grandes pour certaines d'entre nous ; insurmontables pour d'autres. Comme journalistes, nous sommes rarement libres de dire ou de faire ce que nous voulons, de choisir les thèmes de notre travail. Il nous faut souvent ronger notre frein et digérer notre impuissance à nous exprimer. J'en connais qui ont fondé leur propre journal pour pouvoir s'indigner en toute liberté. Ce luxe n'est pas à la portée de toute journaliste, et le patron fait la loi...

Simone de Beauvoir, dans *Les Temps modernes* a pu, aux côtés de Jean-Paul Sartre, s'engager à fond, prendre position sur les grandes questions qui bouleversaient la conscience des Français d'après-guerre : la fin du colonialisme, la guerre d'Algérie, la torture, etc. Chez nous, c'est également dans les revues que le ou la journaliste peut s'exprimer le plus librement, mener un combat : *Cité libre*, *Liberté*, *Points de vue* (autrefois) et maintenant *Parti pris*. Ces revues n'atteignent qu'un public restreint, même si le *MacLean* français fait mentir cet adage. Le grand quotidien, par tradition et parce qu'il vend de la nouvelle et non du commentaire, s'est presque toujours refusé à l'engagement avoué. Seul l'engagement politique était rentable. Exemples : *The Gazette* et *Montréal-Matin*. Le *Devoir*, par la volonté de ses fondateurs, a été un journal engagé sur le plan national, social, religieux et politique et l'est resté. Le *Nouveau Journal* était un journal engagé, très ouvertement. Même s'il n'a pas vécu, son exemple a été suivi. Depuis cette expérience, *La Patrie* et *La Presse* ont quitté leur impassibilité de jadis et essaient de dépasser l'information stricte. Des éditoriaux, des collaborations de plus en plus nombreuses ouvrent la porte sur les problèmes de notre temps et de notre milieu. Évidemment, il s'agit toujours, à la base, d'une information plutôt que d'un combat. Mais on ne peut plus dire que ces journaux, autrefois si impersonnels et qui noyaient l'individualité de leurs journalistes sous le pseudonyme et la non-identification, aient gardé cette attitude frustrante. Les problèmes de notre temps sont trop pressants et trop présents à tous pour les passer sous silence. Personne ne peut plus jouer le bel indifférent.

Il en est de même des émissions de radio et de télévision. « Un reportage doit être objectif », nous disaient nos patrons, soucieux avant tout d'éviter la polémique et les critiques de l'opposition. La lutte alors s'engageait entre notre moi le plus profond et un travail qui ne devait rien trahir de nos sentiments. Nous en avons vu de ces parfaits travaux de neutralité : machines mesurées et réglées au quart de pouce où rien n'apparaissait des intentions de leurs auteurs. C'étaient des machines, et comme telles, elles ennuyaient. Je vous défie de faire un reportage sur le chômage, la délinquance ou la question raciale aux États-Unis en restant froid, neutre et objectif. Ou bien vous n'avez rien compris. Car comprendre, c'est aussi aimer, s'indigner, prendre parti, s'engager.

Il y a des images qui sont des accusations sans qu'un mot soit nécessaire ; il y a des descriptions de situations qui sont également des mises en accusation, même si vous n'ajoutez aucun commentaire. C'est dire que l'engagement du journaliste commence au moment où il choisit de faire ce métier ; il se poursuit avec des fortunes diverses tout au long de sa carrière. Le simple choix d'un sujet, l'angle adopté pour l'aborder : inconsciemment, vous trahissez vos sentiments profonds. Si vous êtes quelqu'un d'engagé, cela se verra toujours. Inutile d'essayer de tricher, de vouloir faire « neutre » à tout prix. Ce qui était le grand art dans nos journaux en fait d'objectivité totale, c'était la traduction. Nous traduisions les autres ; nous n'avions pas à prendre parti. Mais même si les nouvelles des agences de presse sont encore traduites, il s'y glisse de plus en plus souvent une conscience, une tournure qui trahit l'individu derrière le clavigraphe. Ces journaux qui chez nous — en province ou dans les villes — osent de plus en plus manifester une opinion, s'indigner, crier au scandale, dénoncer, sont un signe des temps.

L'engagement du grand public passe par l'engagement de celui qui lui parle : l'homme politique, l'écrivain, le prêtre, le journaliste. Ces hommes, par leur profession ou leur vocation, dialoguent avec le grand public et forment ainsi l'opinion publique. Il est bien évident que plus ce dialogue sera chargé de sens, de conscience, plus celui qui, à l'autre bout, reçoit, lit, voit, entend s'éveillera à la conscience de son univers.

Qui niera que les émissions de René Lévesque, jadis, aient éveillé une conscience sociale et politique parmi les téléspectateurs ? Qui niera que les articles publiés régulièrement depuis deux ou trois ans dans nos journaux (souvent dans les pages féminines) sur les problèmes de l'éducation et de la responsabilité des parents aient amené une révision de certaines attitudes et plus grande exigence en matière d'éducation ? Non, il n'est pas inutile de tenter, dans notre métier, de faire *passer* les révoltes qui nous agitent parfois. Le journaliste peut être l'éveilleur de son milieu. À une époque où les mass media jouent un tel rôle dans l'évolution des sociétés, il est bien évident que le journaliste ne peut plus être un simple amuseur.

Le public lui-même, de plus en plus éveillé aux réalités nouvelles, cherche un écho à ses sentiments. Si son journal, son poste de radio, de télévision ne lui renvoie qu'une image tiède d'un monde en explosion, il se désintéressera de ce partenaire. Car la presse et son public ont une interaction l'un avec l'autre. Si le journal éveille, le public exige à son tour. De plus en plus, le public canadien-français s'insère dans le monde, refuse de rester neutre et absent. Plus les Canadiens français s'éveillent à eux-mêmes, prennent conscience de leurs problèmes et de leurs besoins, plus ils prennent conscience des autres. L'injustice subie ici, sur le plan économique et culturel (parce que nous en avons de plus en plus conscience et que nous l'acceptons de moins en moins), nous rend plus ouverts, plus compréhensifs à l'égard des autres. La révolution de Cuba correspondait chez nous au début de la Révolution tranquille. Voilà pourquoi elle a été dans l'ensemble sympathique aux Québécois qui, par ailleurs, étaient aussi peu marxistes que les Américains eux-mêmes. De même, la guerre d'Algérie, révolte contre le colonialisme, a trouvé un écho favorable au Québec, à la stupeur des Français qui nous auraient plutôt pris pour des pieds-noirs.

L'engagement social, parce qu'il s'inscrit dans la vie en société, mène à la politique, aux cadres qui régissent notre univers social, c'est-à-dire nos lois. Pas de réforme qui ne passe par le législateur : droits des femmes, droits des minorités ethniques ou religieuses, désarmement nucléaire, etc. Un engagement social débouche toujours sur la politique... hélas ! C'est à la fois un danger et une nécessité. Un danger, parce que la politique charrie à la fois des actes démagogiques et de vraies réformes. Une nécessité, parce que si nous voulons que notre action soit efficace, elle doit s'incarner un jour dans les lois. Le ou la journaliste, à quelque place qu'il ou elle se trouve dans la salle de rédaction, contribue à former petit à petit cette opinion publique qui fera demain l'Esprit des lois. Ces lois, à leur tour, forgeront le cadre et l'âme de la Nation.

Aussi, que nous le voulions ou non, pour le meilleur ou pour le pire, nous sommes liés à la Nation : nous sommes engagés. C'est l'honneur de notre profession.

Note

Pour en faciliter la lecture, les textes des conférences de Judith Jasmin, rédigés souvent à la hâte et non en vue de publication, ont été corrigés au besoin, et des sous-titres ont été ajoutés à certains.

Première partie
INTERVENTIONS

LA FEMME ET SON UNIVERS

Conférence prononcée à Saint-Jérôme en 1952 ; à Québec,
le 10 décembre 1953 ; à Ottawa, le 2 février 1954 ; à Rimouski,
le 20 avril 1954

L'univers de la femme pourrait se résumer en un seul mot : l'enfant, puisque la fonction biologique de la femme, c'est la maternité. Mais rien n'est plus complexe qu'un être humain, et quand on a dit : « L'homme est un géniteur », on a dit bien peu de choses de lui. De même, la femme participe à cette complexité de l'essence humaine. Et sa fonction première, physiologique, est recouverte, enveloppée d'une foule d'autres désirs, d'aspirations, de besoins hétérogènes. Mais c'est depuis cette fonction essentielle — transformée, déguisée, méconnaissable — que l'on trouvera l'explication de toutes les destinées féminines, grandes ou petites. La destinée de la femme, nous allons l'examiner rapidement ce soir, à travers l'histoire et jusqu'à notre époque, telle qu'elle apparaît ailleurs dans le monde et telle qu'elle s'enrichit, se diversifie ici même, chez nous, où pendant trois siècles l'univers de la femme s'est strictement limité à la famille.

Le problème Femme

Tout d'abord, y a-t-il un problème Femme comme il y a un problème Jaune, un problème Juif ou un problème Noir ? Le problème existe depuis qu'il s'est trouvé quelqu'un pour l'énoncer : le jour où une femme a demandé un peu plus de liberté. Le problème de l'émancipation se pose à tous les groupes à partir des mêmes données. Il y avait jadis des Noirs heureux qui appartenaient à de bons maîtres. Des Hindous, des Arabes, des Indochinois, il a dû s'en trouver des centaines de mille qui connurent une vie paisible, bien que leur pays fût gouverné par des Blancs. Les femmes des harems, grassement nourries, occupées seulement à se parer, à se peindre, à jouer avec leurs enfants, ne connaissant ni le prix de la vie ni le souci de la gagner, étaient peut-être plus heureuses que bien des jeunes filles qui de nos jours, levées tôt le matin, prennent le tramway dans la cohue, arrivent au bureau avec la peur d'être en retard, se nourrissent d'un sandwich et tapent à la machine toute la journée. Entre la jeune femme turque dans son harem de jadis et la sténo d'aujourd'hui, pas de commune mesure, pensez-vous ; et pourtant, c'est toute l'histoire et le problème de la femme qui s'y trouvent inscrits.

Par sa force physique, l'homme s'est trouvé à l'origine possesseur du monde immédiat : la pêche, la chasse, les armes. Couler le bronze, tordre le fer, manier le silex, ces travaux lui étaient dévolus naturellement. À la femme, l'homme laissait le tannage des peaux, l'aiguille de corne, la charge des fardeaux. Chez nos Esquimaux du Grand Nord, il en est encore ainsi : la femme est condamnée par sa faiblesse physique ; on la supprimait parfois à sa naissance s'il y avait trop de bouches à nourrir. (Vous avez tous lu *Inuk* du père Buliard...) Et depuis l'âge des cavernes jusqu'au xxᵉ siècle, on peut retracer l'effort peureux de la femme pour reprendre le terrain perdu au départ. Ce mouvement vers un peu plus de liberté, cet effort très lent, dont quelques succès furent suivis d'immenses reculs, on l'appelle communément « féminisme ». Un mot honni, un mot aussi mal famé que « prolétariat », avec quelque chose de ridicule en plus.

Oubliez ce mot, s'il vous gêne, mais ne fermez pas les yeux sur le fond du problème : même s'il n'est pas aussi aigu pour toutes les femmes, il appelle encore, dans bien des cas, une réponse, une solution. En tout cas, historiquement, le féminisme a existé ; il nous reste à définir son importance et son actualité. Comment s'est-il présenté au cours des âges, quel visage avait-il avant de devenir le bien exclusif des suffragettes des années 1910-1930 ?

Le féminisme depuis l'Antiquité

Les féministes de la Grèce antique étaient des prostituées, une profession très répandue, la seule à peu près que l'on permît aux femmes à cette époque. Certaines, les hétaïres, instruites, musiciennes, pouvaient s'enrichir et acquérir ainsi une certaine liberté. En fait, elles étaient plus libres que les matrones grecques : Phrynée et la sage Aspasie, conseillères de Périclès et amies de Socrate, étaient de celles-là.

Au temps jadis, la puissance des femmes était en proportion de leur beauté, de leur adresse à « manipuler » les hommes (ce sont encore d'ailleurs les meilleures recettes). Et nul prestige, nul affranchissement ultérieur n'a pu dépasser en efficacité la technique de certaines femmes : Hélène de Troie, pour qui la Grèce divisée en deux clans se bat pendant vingt ans ; Didon la rusée, qui obtint, selon sa demande, une terre « que pourrait recouvrir une peau de bœuf », mais coupé en fines lanières mises bout à bout, le cuir put ainsi entourer un territoire assez vaste pour qu'elle y fonde Carthage ; Esther, aux pieds d'Assuérus, obtenant la grâce des Juifs, ou Judith sous la tente d'Holopherne, ou encore Cléopâtre enchaînant tour à tour César et Antoine. La légende ou l'histoire nous offrent mille exemples de cette force féminine toute tissée de ruse et de charmes. Ce furent longtemps les seuls moyens de parvenir au but et, comme de nos jours ce sont encore les moyens les plus rapides, les plus faciles, il n'est pas étonnant que les femmes n'hésitent pas, dans les limites que leur imposent leur temps et leur milieu, à faire appel à des trucs (j'allais dire professionnels). Si la femme ne s'en remet pas toujours au pouvoir de la séduction, c'est qu'elle sait combien les armes de sa beauté ou de sa jeunesse s'émoussent vite. Ce qu'elle obtient à vingt ans, elle ne pourra plus l'obtenir dix ou quinze ans plus tard. C'est un pouvoir court et éphémère que celui que lui a dévolu la nature. Le règne des favorites a toujours été court, même s'il y a d'illustres exceptions. Je pense à cette fameuse Diane de Poitiers, favorite de Henri II et qui à soixante ans, paraît-il, avait plus de charme et de beauté que bien des jouvencelles...

Quoi qu'il en soit, la femme a toujours cherché à poser les bases d'une liberté plus stable, moins sujette aux fluctuations de la chance et du temps. Mais avant de parvenir à des résultats visibles, inscrits dans les lois ou les coutumes, il lui a fallu passer encore par bien des étapes, bien des avatars.

Dans un monde primitif où le combat est quotidien, la femme n'apparaît que mêlée d'une façon lointaine à la guerre : elle est mère ou femme de guerrier et son rôle est d'attendre ou d'encourager. Pénélope brode vingt ans en attendant le retour d'Ulysse, et cette mère spartiate, en remettant à son fils son bouclier bien astiqué, lui dit : « Reviens dessous ou dessus. » En deux mots : « Triomphe ou meurs... » (Les victorieux étaient portés en triomphe sur les boucliers et les morts en étaient recouverts comme d'un linceul.)

Le chef de guerre est le personnage numéro un des sociétés antiques ; le rôle de la femme nous apparaît alors en fonction de la guerre. Elle devra, avec une force physique qui la met nécessairement en état d'infériorité, se faire entendre à travers des pages bruissantes de combats, de mêlées, de batailles. Les sociétés primitives, établies et maintenues par la force, n'ont pas réussi à supprimer complètement la femme de leur procès-verbal : c'est déjà très beau.

Le Christ et l'égalité pour les femmes

C'est le Christ qui, le premier, appelle la femme, tout comme l'homme, à la lumière de l'esprit. Il fixe les lois du mariage sur un ton d'égalité : « L'homme quittera son père et sa mère ; il s'attachera à sa femme et les deux ne seront plus qu'une même chair... »

Son enseignement est plein de libéralité envers la femme. Il dit de la femme adultère, que la loi juive condamnait à mourir, la pécheresse Marie-Madeleine : « Il lui sera beaucoup pardonné parce qu'elle a beaucoup aimé. » Il faut relire la scène chez Marthe dans l'Évangile selon saint Luc : « Une femme nommée Marthe le reçut dans sa maison. Elle avait une sœur appelée Marie qui s'était assise aux pieds du Seigneur, écoutant sa parole. Marthe, qui était occupée par maints services, se présenta, disant : « Seigneur, vous n'avez cure que ma sœur me laisse seule faire le service. Dites-lui donc de m'aider. » Le Seigneur lui répondit : « Marthe, Marthe, vous vous inquiétez et vous agitez pour beaucoup de choses. Or, il n'est besoin que de peu de choses ou d'une seule. Marie a en effet choisi la bonne part qui ne lui sera point ôtée. » Avouez qu'il y a là une certaine critique de la bonne ménagère qui ne laisse pas d'être troublante, quand cette critique vient de si haut !

À l'avènement de l'ère chrétienne, la femme se trouve tout à coup placée à l'intérieur du cercle des hommes. Le temple juif n'admettait pas la femme dans l'enceinte ; au mystère de la messe, la femme est conviée. Cette femme, nouvellement affranchie, devient la plus ardente des missionnaires. Fabiola, à Rome, fonde le premier hôpital de l'Occident ; cette Fabiola, dont on a fait un film spectaculaire mais non véridique, soignait les malades, connaissait l'hébreu, le grec, étudiait les Écritures et eut une grande influence sur les patriciens de son époque. Sainte Élisabeth de Hongrie dilapide le Trésor pour les pauvres. Sainte Clotilde aide à la conversion de Clovis, roi des Francs. Sait-on assez que la Pologne est devenue catholique en grande partie à cause du mariage de la bohémienne sainte Dombroska avec le duc Milzyslawa ?

La femme au Moyen Âge

Maintenant qu'on a donné un peu de corde aux femmes, vous allez voir qu'elles ne la lâcheront plus et que, de plus en plus, elles voudront repousser les bornes de leur univers.

Au Moyen Âge, la femme est encore l'épouse et la mère d'un guerrier, mais elle est aussi une chrétienne : Blanche de Castille reste l'une des hautes figures du temps des croisades. À son fils saint Louis, elle dit : « J'aimerais mieux vous voir mort, mon fils, qu'en état de péché mortel. » Et, lorsque le roi part en Terre sainte, c'est à elle, sa mère, qu'il remet la direction du royaume. Aleth, mère de saint Bernard, sainte Claire, Cécile Césarinne, filles spirituelles de saint François et de saint Dominique, Catherine de Sienne qui ramène le pape à Rome... Mais, de tout ce Moyen Âge chrétien, c'est la figure de Jeanne d'Arc qui rayonne et domine, à la fois guerrière et sainte, synthèse parfaite du monde où elle vit. La pauvre fille de Lorraine redonne confiance au roi, aux soldats, au peuple tout entier. Elle tient tête aux docteurs ; elle n'a emprunté l'habit et les armes des hommes que pour mieux s'approcher d'eux ; elle leur a laissé le message d'une femme : à la fois force et douceur, foi et raison.

L'univers de la femme, n'est-ce pas presque toujours, au cœur même de l'homme, quelque chose qu'il faut changer, illuminer, ranimer, protéger, guérir. Éducatrice par essence, la femme l'est encore chaque fois qu'elle réussit par son influence à changer quelque chose au monde âpre et dur des hommes. On a dit que l'amour était une invention du XIIᵉ siècle ; en tout cas, c'est une grande découverte du Moyen Âge et c'est une découverte perfectionnée par la femme ou grâce à elle. La chevalerie, puis la courtoisie sont nées près de la femme et sous son influence. « Pour Dieu et sa dame », le chevalier jure honneur et fidélité. Il accepte de mater sa brutalité. Héloïse, Yseult, ardentes figures d'une époque où l'amour humain se sublimise. Cette influence de la femme, on la décèle encore dans le Quattrocento italien. Vittoria Colonna, amie de Michel-Ange, Lucrèce Tornabuoni, mère de Julien et de Laurent de Médicis, Béatrice, Laure, Mona Lisa, qu'ont-elles fait d'autre que d'être belles et d'être aimées ? Et pourtant, parce que c'était pour leurs yeux que les peintres peignaient, pour leurs oreilles que les poètes chantaient, ni *La Divine Comédie* ni l'art florentin, sans elles, n'auraient été tout à fait les mêmes.

Ronsard écrit à Hélène un sonnet qui fixe la langue française dans sa forme moderne, et Shakespeare éclaire le règne d'Élisabeth de son génie. Comme elles sont riches pour les lettres anglaises, ces années où domine une femme. De son règne on a tout dit, le meilleur et le pire ; mais il n'empêche qu'Élisabeth Ire fut à la hauteur de sa tâche et qu'elle sut faire sans faiblesse son métier de roi, tout comme plus tard Catherine de Suède ou Catherine de Russie.

Et, tout près du trône, voici la puissance clandestine des favorites. Mme de Maintenon ramène Louis XIV à la piété et convainc Racine, silencieux depuis douze ans, d'écrire *Esther* et *Athalie*. Il est vrai que la marquise de Pompadour ou la Du Barry domineront de leur puissance un siècle plus tard. Mais, dans les salons de la bourgeoisie, les femmes prennent l'habitude de diriger les conversations. La marquise de Rambouillet, sa fille Julie d'Angenne et la marquise de Sévigné ont découvert l'esprit. Plus tard, Julie de Lespinasse, Mme Dudeffant sauront écouter, comprendre les grands raisonneurs du xviiie siècle : Voltaire, Diderot, Montalembert. Alors que les philosophes préparent une bombe à retardement, Mme de Lafayette écrit *La Princesse de Clèves*, que l'on appelle encore « le plus grand roman français ».

La Révolution française et les femmes

Lorsque éclate la Révolution à la fin du XVIIIᵉ siècle, les femmes jouent leur rôle de chaque côté de la barricade : Madame, sœur de Louis XVI, donne au roi l'exemple du courage et de la dignité ; devant la mort, Marie-Antoinette a retrouvé la beauté des héroïnes antiques. D'autre part, Mme Roland, cette bourgeoise déjà moderne qui s'est battue pour ses idées, monte à l'échafaud comme ses frères et son mari. Au-dessus d'un gibet, les hommes signent la charte de l'égalité ; à ce contrat, les femmes sont admises, elles aussi ont signé de leur sang. Mais la révolution finit en dictature : l'empereur va ravir à la femme ses nouvelles conquêtes. Comme tous les guerriers, Napoléon est conservateur et traditionaliste. Il hait Mme de Staël, cette libérale qui écrit, pense, s'occupe de politique et de littérature. Mme de Staël le lui rend bien, son amie Mme Récamier aussi. Mais elles ne peuvent empêcher que soit rédigé le nouveau code qui refuse à la femme mariée tout droit civil et politique et permet au mari de battre sa femme.

Le XIXᵉ siècle voit monter une nouvelle classe sociale : la bourgeoisie. La bourgeoisie ramène la femme à son rôle très strict de gardienne du foyer. George Sand réclame le droit à l'amour, elle qui fut mariée à seize ans au baron Dudevant, son aîné de quarante ans. Il n'empêche qu'on continue au XIXᵉ siècle de marier les filles ou de les envoyer au couvent sans leur consentement. Des écrivains, Victor Hugo, Stendhal, demandent justice pour les femmes ; mais Balzac dans sa *Physiologie du mariage* écrit froidement : « La destinée de la femme et sa seule gloire sont de faire battre le cœur des hommes. La femme est une propriété que l'on acquiert par contrat ; elle est mobilière car la possession vaut titres ; enfin la femme à proprement parler n'est qu'une annexe de l'homme. » Et il ajoute : « La femme mariée est une esclave qu'il faut savoir mettre sur un trône. »

Avant Balzac, certains philosophes, les Pères de l'Église, des écrivains s'entendaient pour n'accorder aux femmes que bien peu d'humanité. C'est Bossuet qui dit : « La première femme n'était qu'une portion d'Adam et une espèce de diminutif ; il en était à proportion de même de l'esprit. » L'auteur de la controverse sur l'âme féminine au XVIIIe siècle écrit : « La femme, créée uniquement pour l'homme, cessera d'être à la fin du monde parce qu'elle cessera d'être utile à l'objet pour lequel elle avait été créée ; d'où il s'ensuit nécessairement que son âme n'est pas immortelle. » Rousseau ajoute son commentaire : « Toute l'éducation des femmes doit être relative aux hommes. La femme est faite pour céder à l'homme et pour supporter ses injustices. » Par contre, Diderot a une bonne parole pour ce malheureux sexe : « Femmes, je vous plains. Dans toutes les coutumes, la cruauté des lois civiles s'est réunie contre les femmes à la cruauté de la nature. Elles ont été traitées comme des imbéciles. »

Mais, chez les hommes de lettres, c'est Stendhal qui apporte le plus de compréhension, de bon sens, dans cette querelle. Simone de Beauvoir, l'auteur du *Deuxième Sexe* (un livre très complet sur la femme même s'il est discutable en certaines parties), analyse les personnages féminins dans l'œuvre de Stendhal. Elle déclare : « Ce tendre ami des femmes, et précisément parce qu'il les aime dans leur vérité, ne croit pas au mystère féminin ; aucune essence ne définit une fois pour toute la femme ; l'idée d'un éternel féminin lui semble pédante et ridicule. Ses héroïnes (souvenez-vous), Clélia et la Sanseverina dans *La Chartreuse de Parme*, Mme de Rênal et Mathilde de la Mole dans *Le Rouge et le Noir*, sont vivantes, vraies, naturelles, ni conformistes, ni pru-

dentes, mais passionnées, généreuses. Tel est l'idéal de
Stendhal. » Et Simone de Beauvoir dit encore à propos de
lui : « Il est remarquable que Stendhal soit à la fois si profondément romanesque et si décidément féministe ; d'ordinaire
les féministes sont des esprits rationnels qui adoptent en
toutes choses le point de vue de l'universel ; mais, c'est non
seulement au nom de la liberté en général, c'est au nom du
bonheur individuel que Stendhal réclame l'émancipation des
femmes. L'amour, pense-t-il, n'aura rien à y perdre ; au contraire, il sera d'autant plus vrai que la femme étant pour
l'homme une égale pourra plus complètement le comprendre. Stendhal fait confiance en la vérité ; dès qu'on la fuit, on
meurt tout vif ; mais là où elle brille, brillent la beauté, le
bonheur, l'amour, une joie qui porte en soi sa justification.
C'est pourquoi, il refuse la fausse poésie des mythes. La
réalité humaine lui suffit. La femme selon lui est simplement
un être humain : les rêves ne sauraient rien forger de plus
enivrant. » Donc au XIXᵉ siècle, le débat est bien posé : liberté
de la femme, oui ou non, possible ou impossible.

C'est l'industrialisation du travail qui, en attirant les
femmes aux usines, en les associant à la production du pays,
leur permet de se regrouper, d'exister peu à peu socialement
et finalement d'atteindre à certaines libertés. Mais ce n'est
pas sans douleur que s'opère cette transformation sociale.
L'histoire de la femme au XIXᵉ siècle dans les usines de
textile, dans la passementerie où on les décrit suspendues
entre des courroies, dix heures par jour, est aussi triste que
celle des enfants soufflant le verre et crachant leurs pou-
mons. C'est l'époque où les travailleurs non organisés, non
protégés par les lois, sont exploités à cent pour cent. Un
rapport de cette époque dit que les filles employées aux
filatures de Lyon meurent presque toutes d'une maladie de
poitrine, avant d'achever leur apprentissage. Dickens en

Angleterre a traité du travail des enfants (*Oliver Twist*) et Victor Hugo dans *Les Misérables* parle justement de la condition de la femme (Fantine) d'une façon propre à émouvoir. Non, ce n'est sûrement pas par plaisir que les femmes ont quitté la vie calme du foyer pour le travail au dehors.

La lutte pour les droits politiques au xxᵉ siècle

La pitoyable lutte des femmes pour obtenir des droits politiques depuis cinquante ans et dans tous les pays du monde est à peu près close. Le reste viendra peu à peu, inéluctablement. Après la guerre de 14 — les femmes y avaient participé à différents titres : auxiliaires et infirmières, enrégimentées dans la Croix-Rouge, dans des corps spéciaux, dans les bureaux, dans l'intendance —, elles obtinrent peu à peu les droits politiques qu'elles réclamaient depuis vingt ans. En Angleterre, par exemple, par des défilés, des marches sur Londres, des bannières au vent. Enfin, les suffragettes obtiennent la victoire et le droit de déposer un petit bulletin dans une urne tous les quatre ou cinq ans. Nous, pour qui le jour des élections est à peu près une journée comme les autres, songeons-nous parfois combien ces femmes de la génération précédente nous auraient envié un privilège dont nous nous acquittons comme d'une vague corvée ?

Après la guerre, le pape Léon XV et Mgr Baudrillard se prononcent en faveur du vote des femmes en France ; en effet, les femmes sont plus religieuses que leurs maris, et leur vote peut changer le sens des élections. C'est pour la même raison mais pour des fins contraires que la Chambre des députés française, en majorité socialiste, retarde jusqu'en 1942, sous Pétain, l'accès des femmes au Parlement. Il est courant de dire qu'aux États-Unis, au moment des élections du président Eisenhower, c'est le vote des femmes qui a fait pencher la balance en sa faveur, s'opposant par exemple au vote des ouvriers acquis au Parti démocrate. Vous voyez qu'il n'est pas sans importance pour une femme de bien se préparer à remplir son rôle d'électrice.

Est-ce à dire que le cycle des revendications féminines est achevé de par le monde ? En gros, oui. Les femmes sont admises à peu près partout. Sur le trône le plus prestigieux existant encore, une jeune femme règne, nouvelle ère élisabéthaine, et déjà ses nombreux sujets veulent y voir un gage de bonheur. Au Danemark, la loi salique qui éloignait les femmes de la succession au trône vient d'être révoquée en faveur de la jeune princesse héritière Margrette. En principe, à peu près toutes les carrières sont ouvertes aux femmes, à peu près tous les métiers leur sont accessibles : de l'armée à la politique, des professions libérales aux affaires. Juridiquement, dans beaucoup de pays où n'existe pas le code Napoléon, on leur reconnaît une personnalité propre, distincte de l'homme : en Finlande, en Suède, aux États-Unis, en Angleterre, même au Liban, en Iran, en Inde. Mais c'est en ce domaine qu'il reste le plus à faire, les législateurs étant hommes prudents et lents. Dans les pays latins particulièrement, la femme reste défavorisée par la loi. Ainsi, les femmes mariées dans la province de Québec, et seulement cette province au pays, ne peuvent signer un contrat de vente ou d'achat, former une compagnie, sans l'autorisation du mari.

Moralement, la femme qui est obligée de travailler ou celle qui travaille parce qu'elle y est appelée par une sorte de besoin créateur — ce que les philosophes appellent la transcendance de l'Être —, cette femme-là est-elle acceptée, approuvée partout ? Non, pas encore. Bien des préjugés subsistent, même dans les pays où les lois autorisent les femmes à participer à la vie publique. C'est que l'émancipation de la femme ne remonte qu'à une ou deux générations. L'habitude n'est pas encore prise, surtout dans les sociétés conservatrices comme la nôtre. C'est le besoin qui crée la fonction... Les nécessités de notre époque ayant obligé les femmes à sortir du foyer paternel ou conjugal, c'est dans les pays les plus pauvres, ou le plus touchés par la guerre, que la femme a travaillé le plus tôt. Dans les pays d'Europe centrale, comme la Pologne, la Roumanie, l'Autriche, la présence des femmes est admise à l'usine, aux champs, tout comme dans les facultés, dans les journaux, dans les parlements. L'Américaine, par contre, qui est l'épouse d'un citoyen favorisé par l'un des meilleurs standards de vie, travaille rarement une fois mariée ; il faut mettre à part les actrices, les artistes, pour qui la carrière est un besoin, un excitant.

Par contre, la Russie communiste et la Chine de Mao Tsé Toung, pressées par le retard industriel qu'elles ont sur les autres nations, ont libéré la femme des soins maternels en plaçant les enfants à la charge de l'État. Les femmes sont ainsi disponibles pour tous les genres de travaux. Gérard Filion, qui traversait la Russie l'année dernière, notait justement la présence des femmes parmi des équipes de terrassiers, dans la rue ou à l'aéroport. « La femme en Russie, écrivait-il dans *Le Devoir*, s'habille mal, ne se maquille pas. Elle est un travailleur de l'État, un Soviet. » Les journaux nous ont appris à l'époque que l'URSS proposait l'échange d'un diplomate américain emprisonné en Hongrie, contre Lee Ming, une femme chinoise, chef de la résistance communiste en Indonésie. Pendant la guerre de Corée, les nouvelles mentionnaient quelquefois le fait que, parmi les prisonniers capturés par les Alliés, se trouvaient des guérilleros féminins.

Nous touchons là l'extrême de la courbe : entre l'hétaïre grecque et la parachutiste russe, il y a place pour la femme occidentale normalement évoluée, mais aussi normalement attachée à des traditions séculaires qui ne sont pas toutes le fruit de l'oppression du plus fort sur le plus faible. Ainsi l'unité du foyer, l'amour des enfants sont inscrits dans le cœur des femmes sans qu'aucune contrainte ni aucune leçon n'aient à le leur enseigner. L'univers de la femme n'est pas toujours celui de l'homme, même si quelquefois leurs préoccupations, leurs goûts, leurs forces et leurs intérêts se confondent ; à certains moments, ils existent sur des plans différents et alors se complètent. C'est cet univers de la femme que nous allons essayer maintenant de cerner.

L'univers de la femme

La femme active — la célibataire ou la ménagère à l'étroit dans sa maison — a regardé avec envie pendant si longtemps les occupations des hommes que, le jour venu de choisir, elle s'est dit : « Pourquoi pas moi ? » À ce moment-là, elle cherchait moins à satisfaire un besoin qu'à se prouver qu'elle n'était pas inférieure. Nous n'en sommes plus à ces petites satisfactions d'orgueil, même si, après tant de frustrations, elles étaient un baume nécessaire. Les femmes qui, dans toutes les carrières, se sont rendues compétentes ont prouvé que dans beaucoup de domaines elles rejoignaient leurs confrères : médecine, chirurgie, droit, chimie, physique, mathématiques, journalisme, littérature. Non, ce n'est plus un complexe d'infériorité qui doit guider la femme à la recherche de son univers mais, puisqu'elle a dépassé ce stade, ce sont ses goûts et ses aptitudes seuls. En fin de compte, elle s'apercevra peut-être qu'elle n'a parcouru cette longue route que pour en arriver au point de départ. Son univers est différent de celui de l'homme : mettre au monde des enfants, les élever, éduquer, diriger, conseiller. C'est peut-être cela avant tout : je veux dire un univers où elle s'épanouit complètement.

Mais pour tirer le meilleur parti de cette liberté et de ces pouvoirs tout neufs qu'elle a conquis, la femme doit franchir encore une importante étape : elle doit travailler à revaloriser la notion « femme », à lui redonner un nouveau prestige. Dans un monde réaliste à l'excès, ce sont des images brutales qui hantent l'imagination et l'esprit des peuples. La *pin up girl*, la belle fille animale ont remplacé un peu partout l'idéal féminin spiritualisé que certaines civilisations avaient lentement ébauché. (Qu'on pense à la publicité et à ses images qui morcellent le corps féminin, à Marilyn Monroe.) De nos jours, les femmes cultivées, instruites, sont plus nombreuses que jamais, mais il y en a de moins en moins qui jouent un rôle capital dans les destinées humaines. En tant qu'influence, le recul de la femme est certain.

La politique, cette science de plus en plus complexe, oratoire, casuistique, est restée un domaine exclusivement masculin. Ce ne sont pas les quelques femmes députés ou sénateurs qui changent quoi que ce soit à cet état de fait. La politique, cette dangereuse politique qui, sur le plan international tout au moins, nous mène parfois aux bords des abîmes et de l'anéantissement, est un jeu d'hommes exclusivement, et c'est dommage. Il me semble que l'esprit conservateur de la femme, son instinct de préservation, s'exercerait à la façon d'un élément modérateur autour des grands tapis verts où l'on joue si facilement avec les bombes atomiques ou à hydrogène, à condition qu'elle soit préparée à ce rôle. Un bon début : la présence de Mme Pandit à la présidence de l'Assemblée générale de l'ONU. C'est en augmentant son prestige moral et spirituel que la femme peut prétendre un jour exercer au moins un rôle d'influence sur les destinées du monde : d'abord dans la part qu'elle tient dans la formation de ses fils, ensuite dans la place qu'elle devrait tenir auprès de son époux. C'est un rôle important et qui demande une attention, une patience, un exercice de chaque jour et non pas seulement pendant les mois qui précèdent le mariage.

D'autre part, l'homme qui est fait pour les idées générales s'adapte mal au particulier. Par exemple, dans les administrations où le détail a tant d'importance, on ne voit encore que des hommes chefs de service, du moins dans la province de Québec. Mais, dans l'exécution même de leurs fonctions, ils font appel à une secrétaire dont ils exigent mille et une qualités. Le mal, c'est que cette secrétaire semble jouer un tout petit rôle et n'est payée qu'un maigre salaire dont ne voudrait pas un commis. En fait, combien de fois cette secrétaire voit à tout : depuis les rendez-vous du patron, le courrier, l'anniversaire de la femme du patron, la rédaction des mémos, etc. Combien de chefs d'administration ne sont efficaces que parce qu'ils ont une perle dans la pièce d'à côté.

Les femmes et la destinée du monde

Cette fonction complémentaire que la femme apporte dans la société, un peu partout, elle devrait essayer de l'étendre à des domaines essentiels tels que la politique. Il n'y a pas de doute, le monde des hommes tel que nous pouvons l'admirer à l'heure actuelle sur le plan international, à l'heure de la bombe H, n'est pas si merveilleux qu'il faille applaudir et dire : « Ne changeons rien, tout va bien. » Il semble au contraire, que ça ne puisse vraiment pas aller plus mal... Je parle de ces éternelles guerres froides qui succèdent aux guerres chaudes, succédant elles-mêmes aux crises économiques. Il n'y a vraiment nulle prétention de la part des femmes à se dire que leur petit avis ne pourrait pas nuire à la situation générale. Ce petit avis, il y a mille et une façons de le dire. Je crois même que c'est un devoir de le faire entendre. C'est bien dommage quand il n'entre pas, dans la formation du jugement d'un chef de famille, une once du point de vue de sa femme. Il a écouté ses amis, surtout peut-être ceux qu'il rencontre à la taverne ou au bar. Il a lu le journal rempli de propagande à gros grain, mais l'opinion de l'être humain qui vit à ses côtés et qui élève ses enfants, il n'en tiendrait absolument pas compte ?

Je crois qu'une femme se fait entendre quand sa voix vaut d'être entendue. Et pour cela, il faut faire en sorte d'êtres dignes, d'être écoutées. Il faut surtout balayer de notre esprit ces vieux concepts démoralisants : « Ça ne me regarde pas », « Je n'y connais rien », « Ce n'est pas mon affaire », « Je ne suis pas faite pour cela ». Cet esprit démissionnaire est selon moi coupable. Il implique une paresse intellectuelle, une fuite devant ses responsabilités. Bien tenir sa maison, faire la guerre à la poussière, laver et relaver les mains des enfants, dire « Attention au plancher ! » ou « Attention à ton costume ! », c'est peut-être très beau et nécessaire, mais je pense encore à la phrase de l'Évangile : « Marthe, Marthe, vous vous inquiétez et vous agitez pour beaucoup de choses... »

Cette agitation inutile que le Christ reprochait aux femmes d'alors, on la retrouve dans la vie de combien de femmes modernes, en particulier de celles qui, avec un peu de culture ou de formation, pourraient donner à leur vie un tout autre sens et surtout un tout autre poids. Mais n'y a-t-il pas chez la femme, résultat de siècles d'irresponsabilité, une paresse intellectuelle, une peur de la lutte, de l'effort spirituel ? On s'en remet à l'époux pour toutes les décisions parce qu'en somme c'est bien plus facile. C'est l'acceptation du quotidien. « Il préfère la lutte et le hockey à tous les concerts du monde ? » On ne discute plus, ses émissions préférées envahissent la maison, malgré les goûts de sa femme. « Il travaille toute la journée, se dit-elle, il gagne l'argent, il a le droit à sa soirée tranquille. » Non, la femme aussi travaille toute la journée et l'argent que le mari gagne, il appartient en justice aux deux. Et l'influence morale dans un foyer doit venir de deux sources : le père et la mère également. Penser autrement, c'est démissionner. Si, en théorie, la femme occidentale moderne est fière de ses nouvelles libertés, de ses nouvelles prérogatives, elle n'a rien fait tant qu'elle ne s'en est pas rendue digne. L'ère des revendications publiques est finie, mais plus difficile et plus méritoire est le combat de chaque jour contre l'enlisement. Justifier ce pour quoi d'autres femmes ont lutté. Lutte contre soi-même, contre ce démon féminin familier : la douceur de se laisser vivre et de laisser faire les autres, de s'en remettre aux autres.

C'est en élevant son esprit, en forgeant son caractère, que la femme influencera d'abord le jugement de son compagnon et acquerra peu à peu le prestige qui lui manque encore. On nous a concédé depuis longtemps le rôle d'infirmière ; Florence Nightingale est l'une de celles qui y a le plus contribué. Le monde est bien malade. En plus de ces sages docteurs qui discutent un peu partout, à l'ONU, à Genève ou au parlement de la province, le monde aurait peut-être besoin de bonnes infirmières. C'est à la femme d'aujourd'hui, à qui l'on a tout accordé, de prouver qu'elle est digne de toutes les revendications conquises et du rôle vital qu'elle devrait tenir dans le monde des hommes.

REPORTAGE IMAGINAIRE SUR LE CANADA FRANÇAIS

Conférence prononcée devant les membres du Club Richelieu de Trois-Rivières et leurs épouses, le 26 novembre 1960

À cause de mon métier, il m'est arrivé de voyager à l'étranger pour observer, décrire, filmer la façon de vivre et de penser d'un certain nombre de peuples. Je me suis souvent demandé, alors, ce qui arriverait à un reporter français, espagnol, cubain, ou même haïtien s'il était appelé à faire de même chez nous, je veux dire dans la province de Québec.

Et puisque vous m'avez laissé le choix du sujet, je tenterai de vous présenter un reportage imaginaire sur nous, en essayant de me mettre dans la peau d'un confrère (ou d'une consœur) qui nous observerait pour la première fois. Un reportage, c'est souvent un examen de conscience. Il est bien porté actuellement de faire son examen de conscience à l'échelle nationale, depuis *Les Insolences du frère Untel* jusqu'aux déclarations des intellectuels. Tous, nous sentons un besoin de nous définir, de faire le point, de rejoindre notre époque à travers une meilleure connaissance de ce que nous sommes et de ce que nous voulons être.

Qu'est-ce donc qu'un reporter dirait du Canada français actuellement ? D'abord, il observerait sans doute la belle abondance de notre vie quotidienne : son côté cossu. Je me souviens d'avoir été frappée, au retour d'un séjour prolongé en Europe, par l'apparence coquette, proprette de nos maisons. Nous ne lésinons pas sur la peinture, ni sur la variété des couleurs, quitte à ce que cette profusion heurte parfois l'harmonie et le bon goût.

Maisons de banlieue au style uniforme, nouveaux centres d'habitations aérés de jardins et de parcs, en général la construction récente a rajeuni l'aspect de nos villes. Il peut y avoir une certaine monotonie dans l'architecture de ces maisons pour la classe moyenne, mais quand on a vu les tristes pavillons de la banlieue parisienne, ma foi, nos proliférations de briques semblent gaies et confortables. Si le même observateur entre dans ces maisons, il est étonné du confort de la cuisine et de la salle de bain : eau chaude courante, baignoire émaillée, fourneau électrique, accessoires ménagers, le tout fonctionnant à l'électricité.

La femme belge ou la ménagère suisse ont depuis longtemps elles aussi ce confort, la Française commence à y venir. Mais combien d'autres femmes dans le monde — l'Italienne, l'Espagnole, l'Indoue, pour ne parler que de celles que je connais — contemplent en images ou en vitrines ces articles qui, pour elles, représentent un luxe à l'usage d'une minorité très riche. Ici, la femme de l'ouvrier et la femme du patron ont probablement la même machine à laver ou le même fer à repasser.

Le Canadien moyen, employé, fonctionnaire ou petit commerçant, possède presque toujours sa voiture ; il s'agit souvent d'un modèle récent à la carrosserie importante. Si je me reporte à ce que j'ai vu ailleurs, il s'agit là d'un luxe peu courant dans le monde. La bicyclette en Hollande et en Angleterre, la mobylette en France, et le scooter en Italie sont utilisés par la classe ouvrière et moyenne. En Espagne, il s'agit bien souvent d'un âne. En Asie, à Saïgon, à Calcutta, à Hong-Kong, ce sont encore des hommes qui tirent un *rickshaw* dans lequel circule, pour quelques sous, un privilégié.

Et maintenant le reporter va au marché ; il regarde ce que la ménagère achète, ce que mangent les Canadiens. (C'est bien ainsi que nous procédons quand il s'agit de connaître les autres.) Il voit, dans ces épiceries géantes, chaque femme qui emplit un petit chariot d'une multitude de produits en conserve ou « congelés », de fruits et de légumes frais ; bref, il y a là de quoi faire des menus riches en calories et en protéines pour une famille nombreuse ; et il se dit que les Canadiens ne meurent pas de faim.

D'autre part, en reporter loyal, il consulte les statistiques fournies par les bureaux officiels, et il voit ses propres observations confirmées par les chiffres. Le Canada fait partie des trois ou quatre pays dont le standard de vie est le plus élevé du monde, trente fois supérieur à la plupart des pays d'Amérique latine, cent fois supérieur à celui des Indous. Le revenu par habitant, chez nous (18 millions d'habitants), est supérieur à celui de centaines de millions d'autres humains ; nos salaires, nos maisons, nos voitures, nos salles de bain, ce que la ménagère achète chaque semaine à l'épicerie feraient l'envie des 7/9ᵉ de l'humanité qui se nourrissent d'une poignée de céréales, s'habillent de loques, vivent dans des cases sans égouts, et qui n'auront jamais l'indépendance que procure un emploi stable. Et maintenant, nous nous tournons (toujours avec le reporter) vers nos lois et notre système législatif. Nous y trouvons une démocratie occidentale, de type anglo-saxon avec Parlement élu, système de partis et opposition légale. Devant les tribunaux, l'accusé est considéré « a priori » comme innocent. Ce n'est pas à lui de se défendre, mais aux tribunaux de faire la preuve de sa culpabilité ; bref, là encore, nous sommes parmi les pays qui possèdent un système valable de démocratie, avec des garanties pour la liberté du culte, de la langue, etc. Et nous estimons, après un rapide bilan, que pour l'essentiel, c'est-à-dire les principales libertés, nous sommes, là encore, parmi les privilégiés. Je songe à la France où, actuellement, les Chambres sont pratiquement en congé, le pays gouverné par décrets ; je songe à l'Espagne où toute forme de démocratie est absente depuis vingt ans, je songe à ces nombreuses républiques d'Amérique latine où le pouvoir s'appuie sur l'armée pour se maintenir. Bref, notre reporter donnerait une très bonne note au Canada, quant à ses institutions législatives et judiciaires.

L'économie du pays ? Elle est vigoureuse, malgré une forte récession et des problèmes d'embauche (on pense aux ressources naturelles abondantes, en pleine exploitation), mais son avenir est encore plus beau. Le Canada, d'ici vingt ans, aura, avec une population augmentée du tiers, doublé sa puissance de travail et triplé sa production. Des villes comme Montréal auront trois millions d'habitants et nous serons alors parmi les pays les plus prospères du monde (si aucune guerre atomique n'est venue d'ici là anéantir nos espoirs).

Donc, un très beau début de reportage, une sorte de tableau idyllique ; il s'agit maintenant d'aller trouver les habitants et de leur demander s'ils sont heureux et quelles sont leurs aspirations. En procédant selon les recettes éprouvées ailleurs pour des reportages semblables, nous interrogeons des intellectuels, des étudiants, des gens de la classe moyenne, des femmes, des personnages officiels. Nous tâchons également de connaître les principales préoccupations des Canadiens.

Il apparaît d'abord que les Canadiens sont satisfaits de vivre dans leur pays ; bien peu changeraient de nationalité ; les femmes cependant auraient tendance à désirer vivre dans les pays chauds. Un certain dynamisme caractériserait les Canadiens : jamais ils n'admettent qu'une situation est perdue ou désespérée. Ils ont des critiques à faire, certes, mais ne se sentent pas prisonniers d'un état de fait : le pays a tellement évolué rapidement. Ce mouvement en avant est si perceptible que, pour un Canadien, il est normal de penser qu'une situation mauvaise a son remède tout prêt.

Voyons donc les critiques, ou plutôt ce qui rend les Canadiens insatisfaits : car, malgré tant de traits réconfortants, on observe une insatisfaction latente dont je vais essayer d'analyser les causes.

Insatisfaits, nous le sommes d'abord en tant que Canadiens français. Il s'agit d'une inquiétude, plus ou moins exprimée, de se sentir peu nombreux, exposés à disparaître sous le nombre des anglophones qui représentent la majorité. Nous acceptons mal une place de deuxième ordre dans l'ensemble du pays ; nous voulons être présents non seulement dans notre province, mais dans les décisions du gouvernement central. Ces revendications prennent souvent des formes agressives et tyranniques, du genre maniaque. Les journaux sont pleins de lettres de lecteurs au sujet de fautes contre le bilinguisme ; une brochure officielle ne paraît-elle qu'en anglais, nous protestons ; un hôtel est-il baptisé « Queen Elizabeth » au lieu de Maisonneuve, nous ouvrons de nouvelles hostilités.

Nous ne supportons pas de sentir que notre identité de Canadien français soit niée un seul instant. Il ne s'agit pas d'une réaction épidermique, d'une susceptibilité passagère. La racine en est profonde. Tâchons d'y voir clair. En chacun de nous, il y a une zone plus ou moins claire où baignent nos aspirations et que l'on appelle commodément notre idéal. Je crois que si l'on interrogeait les dames qui sont ici ce soir, presque toutes répondraient que ce qu'elles ont de plus vivant en elles, c'est l'aspiration au bonheur qui se concrétise sous les aspects du foyer et des enfants. Mais, pour d'autres, il y a le désir de peser sur l'avenir de leur pays, de participer à la vie de la communauté, bref d'être des citoyens conscients, à part entière. Si vous appartenez à des associations comme celle qui nous réunit ce soir, si vous insistez pour que l'on vous serve en français dans un magasin, si vous suivez avec intérêt une campagne électorale, c'est que, bien sûr, la chose publique vous tient à cœur et que vous n'entendez pas laisser s'organiser votre cité ou votre province sans que vous ayez un mot à dire. Ce sentiment de propriété vis-à-vis de son pays s'appelle le nationalisme. Sur ce terrain-là, les Canadiens restent insatisfaits ; ils ne peuvent ni vibrer à la page d'histoire où les victoires ouvrent leurs ailes, ni s'émouvoir à la vue d'un drapeau, ni pleurer au son d'un hymne national ; ils vivent de substituts ; cette ferveur qui soulève les peuples les plus pauvres à l'idée de Patrie, ils en sont frustrés, ils doivent la partager avec d'autres et n'en prendre qu'une petite part, diminuée, traduite, sans saveur, désinfectée de tout microbe stimulant. La

Patrie revue et corrigée par Ottawa n'émeut personne, que l'on soit de Trois-Rivières, de Montréal ou de Saskatoon.

Le nationalisme que connaissait l'Athénien, le Romain, que connaît tout homme attaché à son coin de terre, est une notion qui s'exacerbe d'autant plus qu'elle est frustrée. Ainsi, chez les peuples du tiers monde, anciennement colonisés, elle prend des formes virulentes. Chez les petits peuples longtemps opprimés, elle s'installe et forge une « âme nationale » : la Pologne, l'Irlande, Cuba...

Il ne faut donc pas s'étonner qu'il y ait un nationalisme canadien-français latent et insatisfait. Éclairé ou étroit, anachronique, justifiable ou non, il existe, vit et se nourrit des contraintes, des vexations, des ignorances ou des mépris que nous avons subis au long de notre histoire. Il répond au sentiment d'autodéfense de l'individu ou du groupe qui se sent menacé. Il s'exprime parfois par un désir de « Laurentie ». C'est alors que surgissent chez nous ces nombreuses questions au sujet de notre survivance qui, en fait, traduisent toutes ce malaise, cette insatisfaction profonde au sujet de notre vie nationale. Il faudra bien un jour avoir le courage de récurer le fond de notre conscience nationale ; pour le moment, en tant que reporter, je constate et je consigne des faits.

En résumé, les questions que les Canadiens français se posent tournent autour de cette idée centrale : comment vivre et concilier à la fois notre désir de demeurer tels que nous sommes, c'est-à-dire tels que l'histoire nous a déterminés avec nos caractéristiques propres : langue, religion, coutumes, tempérament et ces autres faits tout aussi historiques, le contexte anglo-saxon, l'Amérique du Nord, et ce grand corps hybride qui s'appelle le Canada ?

Qu'il y ait des pessimistes pour prédire notre disparition complète, en tant que groupe, d'ici cent ans, qu'importe !

Vrai ou faux, cela ne nous regarde pas. C'est aujourd'hui que nous vivons, en faisant comme si nous étions indispensables à l'univers. Aucun peuple, si petit soit-il, n'a la vocation du suicide. Il en va des nations comme des individus : ils ont beau savoir qu'ils sont mortels, ils tiennent à la vie, font tout pour la défendre et la transmettre. Donc, riches matériellement, nous restons insatisfaits sur le plan des aspirations nationales.

C'est alors que le reporter enregistre une sorte de réaction vive, de réveil du milieu canadien-français. Après une sorte de long sommeil, de demi-inertie (les cris dans le désert étaient pourtant nombreux, mais restaient sans échos), chacun, tout à coup, est d'accord pour crier au secours. Deux faits surtout signalent, à mon avis, cette réaction de défense :

1. L'unanimité des corps publics et enseignants à décréter un état d'urgence en matière de langue.
2. Une demande de laïcisation de l'enseignement (du secondaire au niveau universitaire). Ce fief, concédé au clergé depuis la Conquête, est pour la première fois remis en question. (Ainsi, deux laïcs viennent d'entrer au Conseil des universités qui n'a groupé jusqu'ici que des évêques.)

Ces deux faits, la promotion des laïcs et le sauvetage de la langue, sont connexes. C'est la même cause qui suscite ce remous, et dans le même but : sauver la nation canadienne-française menacée de disparaître sous les vagues de l'américanisme. Si nous n'avons plus ce rempart que constitue la langue française pour préserver notre identité, nous ne serons bientôt plus qu'un autre groupe ethnique fondu dans le magma nord-américain. Même les Anglo-Canadiens commencent à réaliser l'importance de notre différence : ainsi, cette vieille dame de la Colombie-Britannique qui déclarait récemment devant la commission d'enquête sur les revues et magazines qu'« après la Conquête, tout le Canada aurait dû parler français, ainsi, nous ne serions pas menacés actuellement de devenir le cinquante et unième État américain ».

Donc, devant une menace de plus en plus forte, il y a eu tout à coup une levée de boucliers : le congrès de l'Association canadienne des éducateurs de langue française (ACÉLF) en août dernier, le dernier congrès de l'Union canadienne des journalistes de langue française, le frère Untel, des campagnes de presse menées par des linguistes, des projets du gouvernement provincial tels qu'un office de la linguistique, un ministère de la Culture, et l'enseignement gratuit. Partout on dénonce notre parler « joual » qui nous rendrait en peu de temps, si nous n'y prenons garde, tributaires d'un dialecte incompréhensible au monde d'expression française et qui nous enfermerait à tout jamais dans une singularité aussi peu transmissible que celle du Congolais de la tribu des Mabamko.

Le plus important, c'est que le gouvernement prenne conscience, à son tour, de l'urgence du problème et qu'il envisage des mesures de sauvetage au niveau de l'autorité, des lois. Par exemple, toutes les campagnes menées jusqu'ici en faveur d'une refrancisation des enseignes d'auberge de la province n'ont donné que des résultats dérisoires, mais une loi qui interdirait une appellation de langue anglaise quand le propriétaire d'un établissement n'est pas de langue anglaise changerait la physionomie du tourisme dans la province de Québec.

C'est évidemment au niveau de l'État que se joue le gros de la partie et nous pouvons assez bien réaliser que de l'audace de l'État en matière de réformes dépendront notre avenir et notre survivance. Et je cite encore mes auteurs, en l'occurrence le frère Untel : « La langue est un bien commun et c'est à l'État comme tel de la protéger... Seul l'État, gardien du bien commun, peut agir efficacement au niveau de la civilisation. » Avec toute sa lucidité d'enseignant mêlé, chaque jour, aux problèmes de la langue, il sait bien de quels secours il a besoin, de quels dangers est menacé son petit troupeau d'élèves. Ce que ce professeur a cerné dans sa classe du lac Saint-Jean, d'autres aussi l'ont vu et dit, d'une autre manière : professeurs des universités de Montréal et de Québec, écrivains en congrès, par exemple.

Le reporter étranger qui constate ce phénomène, s'il a voyagé un peu, s'étonnera de certaines clameurs autour de l'instruction gratuite et obligatoire. Il a eu l'occasion de voir ce qui se fait ailleurs : de la cité du Vatican à l'île de Madagascar, au fond de l'océan Indien, l'instruction est gratuite et obligatoire jusqu'à seize ans. Il sait surtout que le prestige de l'instruction, de la culture, est souvent égal à sa qualité. Un pays aussi dépourvu matériellement que Haïti a misé sur l'instruction pour son salut. Le gouvernement haïtien a institué une campagne d'alphabétisation et accordé au ministère de l'Instruction (le ministre est un prêtre) le plus fort budget après celui de la défense ; il exige, en outre, des professeurs haïtiens ou français qui enseignent dans les lycées et collèges qu'ils détiennent un diplôme universitaire, licence ou agrégation ; beaucoup de religieux canadiens qui enseignent là-bas ont été jugés excellents au primaire mais pas assez « forts » pour le secondaire (parce qu'ils n'avaient pas de diplôme universitaire).

J'ai choisi l'exemple de Haïti à dessein parce qu'il s'agit d'un autre pays de langue française du Nouveau Monde. Le reporter notera également que le prestige des professeurs au Canada est généralement bas ; aucun professeur n'est député ou sénateur comme il arrive souvent en Europe. En France, c'est la profession qui, avec le droit, fournit le plus d'hommes d'État.

De plus, chez nous, l'instruction tout entière — la direction des maisons d'enseignement, celle des études — étant entre les mains des clercs, les laïcs s'en sont détournés et n'ont jamais accordé à ce secteur de la vie nationale l'intérêt et les ressources dont il aurait eu besoin pour se développer. Bref, notre reporter constate que les Canadiens français, si bien pourvus en confort et en articles d'usage courant, si bien nourris, si bien protégés par leurs lois, sont en fait parmi les plus démunis de moyens culturels. Mais, en même temps, il enregistre un *sursum corda* qui s'accorde bien avec le dynamisme qu'il a observé dans d'autres domaines. Les Canadiens français ne veulent plus — et c'est une question de vie ou de mort — d'une instruction de second ordre qui les maintienne à la remorque des autres peuples et en marge des grands courants du monde occidental. Ils ne veulent plus de ce cocon, chaud mais infantile, qui leur interdit de juger par eux-mêmes ce qu'ils peuvent lire, connaître, voir, entendre. Son expérience d'homme, le jeune Canadien français est décidé à la vivre dans sa totalité, parce qu'il y va de sa vie tout simplement. En tout cas, il ne croit plus que tout va très bien dans son petit monde, qu'il possède le meilleur système d'éducation et que le langage « joual » est bien suffisant puisque nous nous comprenons entre nous.

Pour survivre dans notre monde moderne, il faut être compétent. Notre groupe ethnique a besoin de cadres, de maîtres, de chefs, d'éducateurs, de créateurs. La main-d'œuvre ? Nous en avons trop. La preuve, tous ces malheureux sans travail à qui l'on ne réussit pas à trouver d'emploi, par manque d'industries chez nous, donc par défaut de financiers, d'économistes, de chefs d'industrie. Il est bien clair qu'il ne s'agit pas, pour les élites, de réaliser des réformes mineures pour pallier au plus pressé, faire illusion ou avoir l'air de remplir des promesses électorales. L'enjeu est de prix : il appartient aux hommes d'aujourd'hui, à ceux qui détiennent les pouvoirs, les postes de commande à tous les niveaux et dans tous les secteurs de notre vie nationale, d'en prendre conscience, de mobiliser leur énergie, de mettre à contribution leurs talents de persuasion et aussi leur générosité. Il en faut pour accepter une nouvelle vision de notre petit univers.

Nous appartenons à cet Occident privilégié qui, depuis quelques siècles, s'est ménagé une place de choix sur la planète, a exploité le monde à son avantage. Nous profitons largement de cet héritage collectif, que ce soit de la mise en exploitation de nos richesses naturelles par les autres, ou des inventions techniques, des livres, des œuvres d'art pensées, créées par d'autres ; nous sommes les bénéficiaires de la civilisation occidentale. Vivant en symbiose avec les États-Unis, nous participons de son mode de vie. Bref, sans avoir été de ceux qui ont créé, organisé le monde moderne, nous en sommes, de par notre géographie, de par notre histoire et de par la richesse de notre sous-sol, les consommateurs. Nous devrions, par voie de conséquence, être parfaitement heureux et ne rien désirer de plus, profiter en silence de cette part du gâteau qui nous est servie sur terre...

Si nous ne sommes ni tout à fait heureux ni entièrement satisfaits, c'est que nous sentons bien que, occupés pendant trois siècles à survivre, à nous cramponner au sol, nous avons laissé le monde tourner sans nous ; nous ne voulons pas maintenant disparaître sans avoir laissé une trace un peu plus profonde qu'un vague souvenir historique sous un titre approximatif : « Essai de colonisation française en Amérique du Nord, luttes et fin ».

Nous voulons survivre de toutes nos forces ; ce sursaut, qui se manifeste par un grand cri : « Sauvons la langue », remplace les fusils ou les chars d'assaut de certains autres peuples qui, à notre époque, ont essayé par une révolution d'affirmer leur existence. Avouez que notre révolution à nous est autrement plus pacifique et moins dangereuse. Il n'en faut pas moins mobiliser toutes les forces. Il ne suffit pas de quelques écrivains, journalistes ou éducateurs plus sensibles au danger ; c'est à tout le monde — commerçants, hommes d'affaires, artisans, financiers, mères de famille — que sont demandés cet effort de volonté et cet amour de nous-mêmes en tant que Canadiens de langue française. Il nous faudra abandonner d'anciennes habitudes et les voir abandonner par les plus jeunes. Il faut surtout que l'opinion publique soutienne et porte ceux qui ont entrepris des réformes et qui, parfois, n'osent pas aller trop vite et trop loin ; c'est vous, notables, qui pouvez le mieux contribuer à former cette précieuse opinion publique. Ce que dit chacun de vous trouve autour de lui des oreilles, des esprits prêts à l'accueillir. Faites-vous donc les missionnaires de cette nouvelle pensée : « Sauver la langue pour sauver l'esprit et pour se sauver en tant que peuple. » Jusqu'à ce que nous ayons réussi à nous affirmer, il faut être intraitables. La bataille pour la langue et la culture nous fera gagner toutes les autres. La compétence nous amènera la victoire économique, cette dernière nous apportant le prestige, c'est-à-dire que nos créateurs, nos sages, nos hommes de science gagneront à leur tour l'estime, le respect des autres groupes et des autres nations. Nous avons tout pour bien vivre. Mais ce n'est pas assez. Nous voulons maintenant vivre avec qualité. Et si notre reporter étranger est honnête, c'est la dernière impression qu'il emportera des Canadiens français, en 1960.

POUR LA PAIX

Discours prononcé au congrès annuel de La Voix des femmes,
à l'Université de Montréal, le 14 septembre 1962

L'hiver dernier, les manchettes des journaux nous apprenaient que le premier ministre du Canada et tout son cabinet étaient anéantis dans leur abris, ainsi qu'un tiers de la population du pays... Ce n'était pas une plaisanterie macabre, mais le résultat de savants calculs de probabilité exécutés par des experts, à la suite d'un exercice militaire où le Canada avait joué le rôle de pays attaqué par des engins nucléaires, tel que cela se passerait en cas de vraie guerre. Cette fausse attaque, ces faux morts nous ont fait sourire, à l'époque ; d'abord, parce que nous étions bien vivants, y compris M. Diefenbaker... mais surtout parce que ces statistiques venaient de démontrer combien les abris souterrains seraient vains en cas de conflit nucléaire. (Nous nous en doutions bien un peu.) L'un des buts de cet exercice était justement de rendre les Canadiens suffisamment conscients des dangers d'une guerre atomique pour se décider à se construire des abris. Or, contrairement aux résultats escomptés, la confiance dans lesdits abris se mit à diminuer ; les communiqués officiels mirent une sourdine à leurs exhortations ; les mères de famille, enfin, se détournèrent des vendeurs qui annonçaient « Abris avec tout confort pour famille de cinq ou dix personnes ».

C'est à ce moment-là que nous avons commencé à penser *sérieusement* à lutter contre l'idée qu'une guerre atomique était inévitable. Nous nous sommes mis à écouter la voix de ceux et de celles qui disaient un peu partout dans le monde : « Il ne faut pas qu'il y ait de guerre nucléaire ; il faut désarmer ; il faut arrêter les expériences dans l'atmosphère ; il faut que les puissances qui détiennent les armes atomiques et qui, en même temps, vivent selon des idéologies différentes, négocient et acceptent de ne pas utiliser cet arsenal. Une telle guerre signifierait la fin de notre planète en tant que planète habitable par le genre humain. »

Cette crainte est-elle bien fondée? Puisqu'il s'en trouve pour en douter, rappelons les chiffres officiels. Actuellement, les États-Unis ont en stock des bombes dont la force de déflagration équivaut à 20 000 mégatonnes, c'est-à-dire 20 000 millions de tonnes de TNT (dynamite) prêtes à être transportées par 1500 bombardiers à long rayon d'action, sans compter les 150 missiles déjà installés dans différentes bases sur trois continents. Quant à l'URSS, elle posséderait un nombre de bombes et de bombardiers qui, sans être aussi imposant, est suffisant également pour nous exterminer tous. Devant de tels chiffres, un tel ordre de grandeur, il s'en trouve encore pour s'écrier avec des airs de bon apôtre : « La paix n'est pas le bien suprême ; il vaut mieux être mort que soviétisé. » Il doit bien s'en trouver en Union soviétique de ces irréductibles champions de l'idéal marxiste, prêts à sacrifier les trois quarts du genre humain à leurs idées.

« Crois ou meurs », disaient déjà les fanatiques du Moyen Âge. Cet état d'esprit n'a pas disparu au même rythme que progressaient la science, l'industrie et le bien-être. Et s'il est des savants dans les laboratoires qui cherchent un remède pour guérir le cancer, s'il en est qui mettent au point les voyages interplanétaires, il faut qu'ailleurs, en même temps, on élabore des moyens pour éclairer la conscience humaine, pour l'éveiller au danger qui menace l'espèce et lui faire accomplir cette évolution vers une plus grande fraternité : un humanisme qui corresponde au progrès de la science du xxᵉ siècle.

Au Moyen Âge, le fanatisme religieux était tel qu'il conduisait au bûcher tout homme considéré comme hérétique ; les musulmans se lancèrent à la conquête du monde au nom du Coran ; les chrétiens allèrent défendre Jérusalem au nom du Christ. Pendant deux siècles, les uns et les autres se tailladèrent, se firent la guerre à coups de hallebarde au nom de leurs croyances respectives. On parlait déjà de guerre sainte. Et puis, après une huitième croisade, les combattants déposèrent les armes et firent la paix. Les hommes de saint Louis (ou ce qu'il en restait) rentrèrent chez eux ; les musulmans restèrent là où ils s'étaient installés, et chacun continua de vivre de son côté en gardant sa foi propre. Ces guerres-là, à la flèche, à l'arquebuse, ne menaçaient pas le genre humain ; elles avaient même des effets secondaires bénéfiques, comme l'échange de civilisation et les contacts entre l'Orient et l'Occident.

Mais, de nos jours, deux cents ans de guerre ne sont plus dans nos moyens ; il ne faudrait que quelques heures pour couvrir un continent de décombres et polluer l'atmosphère pour des centaines d'années. Puisque l'histoire nous apprend que tous les combats, même les plus justes causes contre les tyrannies les plus injustes, ont toujours fini par un traité de paix et une sorte de coexistence entre vainqueurs et vaincus, pourquoi ne pas aller directement à la table de négociations et commencer par là? Autrement, si nous écoutons les militaires, il est à craindre qu'il n'y ait plus de diplomates pour signer les traités de paix et de coexistence.

Les militaires qui prônent la manière forte, eux, ont une excuse. Ils ont été entraînés à croire qu'ils sont indispensables. Peut-on imaginer un militaire dans un monde qui aurait anéanti la guerre? Il aurait l'air d'un personnage d'opérette, légèrement anachronique, sans plus d'autorité qu'un gendarme aux trousses de quelques bandits. En temps de guerre, par contre, le militaire est tout-puissant ; les politiciens (ministre des Finances compris) se plient à ses désirs. Voilà pourquoi, partout, toujours, on a tant de mal à garder les militaires dans leurs casernes. Des exemples récents? Pensez à l'Argentine, au Pérou et à l'Algérie, où les militaires ont pris la vedette, aux dépens des rouages parlementaires. Ce sont eux évidemment qui disent que parler de paix est un signe de faiblesse, une trahison, une façon de capituler devant l'ennemi. En France, dans ce pays qui a une longue expérience des hommes de guerre, il est un vieil adage né du bon sens populaire : « Bête comme militaire ! »

Pour certains individus, il est devenu suspect de parler de paix comme s'il s'agissait d'une arme secrète au service de l'ennemi. Ce sont des complexes nés de la guerre. « Ceux qui avancent qu'il faut préparer la guerre pour maintenir la paix, disait Pie XII dans son message de Noël 1948, mettent la paix en danger. » Il y a aussi ceux qui, sans désirer absolument la guerre, l'acceptent comme un remède nécessaire ou un moindre mal. Ils proclament qu'il vaut mieux être morts que rouges. Salomon, jadis, dans sa grande sagesse, a

reconnu la véritable mère au cri du cœur qu'elle a lancé :
« Qu'il vive cet enfant, même s'il doit appartenir à une
autre... » Ces grands absolutistes de la manière forte, je les
soupçonne de croire, en leur for intérieur, que la guerre n'est
dangereuse que pour les autres, que ce sont les autres qui se
feront tuer afin qu'eux ne deviennent pas « rouges ». Ils sont
en retard d'une guerre. Ce calcul était juste en 1914 et en
1939, alors qu'il y avait 50 chances sur 100 de survivre. À
la prochaine guerre, si ce malheur devait arriver, ce serait
l'égalité dans le désastre. Pas de déserteur possible, pas de
bonnes places dans l'intendance pour ceux qui ont des relations. Tout le monde au front, y compris les enfants, les
femmes et les vieillards.

Il y a évidemment tous ceux qui ne se préoccupent pas de
la guerre et de ses suites possibles parce que pour eux la vie
quotidienne est une victoire contre la mort : ainsi en Inde, au
Brésil ou en Chine... une masse de gens misérables en butte
à la famine quotidienne n'ont certainement plus aucun
réflexe de défense quand il s'agit de la guerre ; leur marge
de survie est trop mince. Où trouveraient-ils la force de
craindre une explosion atomique? Mais je pense à tous ceux
qui jouissent du bien-être, du confort, des découvertes, des
arts, d'une civilisation qui, siècle après siècle, s'est déve-
loppée pour finalement leur donner mille et une possibilités
d'épanouissement : loisirs, travail allégé par la mécanique,
voyages, télévision, automobile, vaccin contre les maladies
infectieuses... réconfortante certitude que les chances de vie
ont doublé depuis cent ans, etc. Ce bilan (et j'en passe)
accumulé par des générations serait mis en jeu, anéanti tout
à coup par quelques hommes — une toute petite frange de
l'humanité —, cohéritiers de ces milliards d'êtres qui nous
ont précédés et qui eux n'ont jamais connu les fruits du
progrès, ni même la démocratie? Ce seraient ces hommes du

xxe siècle qui décideraient de mettre un point final à tout cet apport successif ? Nous porterions, nous les contemporains, le triste honneur d'avoir écrit le mot FIN à l'aventure humaine... uniquement parce qu'un jour, possédant une arme totale, nous n'aurions pas eu la sagesse de mettre un terme à nos dissensions. Au nom d'idéologies différentes, nous serions donc prêts à décider de la survie ou de l'extinction du genre humain ! C'est une lourde responsabilité pour ceux des hommes qui justement ont le plus profité des milliers d'années de labeur et de servitude des autres que de commettre un tel geste.

Depuis l'âge des cavernes, les hommes se sont battus, ont employé la force pour régler leurs différends. « Il y aura donc toujours des guerres, disent les fatalistes... C'est dans la nature de l'homme ; la guerre est un stimulant nécessaire à son imagination. » Eh bien NON, mille fois NON ! Voilà un sophisme à rayer de nos idées un peu vite faites. Justement, nous ne vivons plus à l'âge des cavernes. Depuis, il y a eu quelques changements majeurs : l'esclavage est dépassé, la vente des filles a presque disparu de nos mœurs et on ne tue plus les vieillards parce qu'ils gênent la marche de la tribu. La guerre est une séquelle de l'âge de pierre. L'humanité a maintenant d'autres moyens de stimuler la productivité.

Cette course à la conquête de l'espace, les performances des cosmonautes, le premier homme sur la Lune, tout cela n'est-il pas plus exaltant, pour deux nations qui veulent concourir l'une contre l'autre, que d'accumuler des stocks de bombes comme n'importe quel enfant qui joue avec des boules de neige? Si nous le voulons, notre époque peut être la plus riche en explorations, en conquêtes, en aventures, en découvertes. Tant d'exploits sont possibles dans le domaine de la recherche scientifique : exploration du cosmos, conquête des terres pauvres pour nourrir les populations affamées, découvertes de vaccins contre le cancer, la sclé-rose, le vieillissement des artères... Et aucune de ces batailles n'a besoin du fer, du feu et du sang des hommes pour être gagnée et couvrir de gloire ses capitaines.

Par ailleurs, qui sont ceux qui n'ont confiance ni dans les abris souterrains ni dans l'augmentation du budget militaire pour préserver leur famille d'une guerre nucléaire? Il y a d'abord les savants qui connaissent la nature de ces explo-sions et ne se font pas d'illusions sur leurs conséquences pour le genre humain. Oppenheimer, Linus Pauling, tous les prix Nobel de physique et de chimie, qu'ils se réunissent à la conférence de Pugwash ou qu'ils signent des pétitions, demandent avec insistance le désarmement et la fin des essais nucléaires.

En outre, il y a des groupes, des associations dans tous les pays du monde qui militent en faveur de la survie de l'espèce : comités de non-violence, ligues de résistance, la Ligue internationale des femmes pour la paix et la liberté, l'Union pour la paix, le Monde sans la bombe, le Comité des cent, l'Église missionnaire de la paix, la Société des amis, les organisations étudiantes pour la paix, etc. et depuis deux ans, La Voix des femmes, née au Canada, très vite adoptée par les Américaines et les Anglaises et qui vient de regrouper dans les Laurentides des déléguées de dix-sept pays diffé-rents : pays neutres, pays de l'Est et de l'Ouest.

En tout, quelques centaines de milliers de gens, cons-cients mais ne formant qu'un petit nombre en regard de cette masse qui vit distraite ou de ceux qui font croisade pour la guerre. Aussi faut-il parler fort, parler souvent pour être entendu. Entendu par qui? Comment donner à notre voix une chance d'être écoutée avec succès, et quoi dire qui puisse convaincre les grandes puissances de qui dépend la paix ou la guerre? Voilà ce que la conférence de La Voix des femmes a étudié, recherché pendant quatre jours au cours de ces assises canadiennes.

Certains se demandent encore : Pourquoi un regroupement de femmes? Parce que les femmes, plus ou moins écartées de la politique, qu'elles le veuillent ou non, ne peuvent rester neutres quand il s'agit de la vie de leur famille, de leurs enfants. Il n'est plus question de répondre aux femmes : « Ça ne vous regarde pas, c'est l'affaire des hommes.» La sécurité de la famille, souci numéro un des femmes, est menacée par les essais et les armements nucléaires. Tout le reste est vanité.

La Voix des femmes s'adressera aux Nations Unies à la session d'octobre, la seule tribune d'où elle puisse se faire entendre des différents gouvernements avec une chance d'être écoutée. Parmi les projets de résolutions qui ont été étudiés au lac Ouareau (dont plusieurs ont entendu parler cet après-midi) et qui seront remis au secrétaire des Nations Unies, j'en relève un petit nombre qui me paraissent donner une idée de l'étendue des tâches qui nous attendent :

1. Nous nous unissons donc pour déplorer globalement tous les essais nucléaires de toutes espèces, des États-Unis, de l'URSS ou de tout autre pays. Nous demandons instamment l'arrêt de ces essais et la signature immédiate d'un traité pour leur abolition définitive.

2. Que l'année 1963 soit déclarée par les Nations Unies « Année de coopération internationale ». Chaque nation membre s'engagerait alors à faire un geste de bonne volonté en faveur de la paix. Je suggérerais aux grandes puissances des gestes spectaculaires comme, par exemple, l'abandon d'une seule base américaine le long de la frontière russe... ou la démolition du mur de Berlin par les Russes.

3. Que soit donné aux écoliers un enseignement qui les informerait des dangers nucléaires et de la nécessité du désarmement. Apprendre aux enfants la paix, alors que tant de films et de bandes illustrées leur parlent de guerre.

4. Une autre résolution mentionne la création d'un institut de recherches pour la paix et la diffusion de ses travaux dans tous les pays.

La paix, ce n'est pas seulement l'absence de guerre, le bannissement des engins nucléaires, ce doit être mieux qu'une guerre froide où continuent de se développer la haine de l'ennemi, la déformation des faits, la suspicion et toute une psychose de défense qui est une forme larvée de la guerre.

Une vraie paix, c'est un état d'esprit qui accepte les autres tels qu'ils sont, même communistes pour les uns, même impérialistes-capitalistes pour les autres, et admet qu'ils puissent vivre comme nous sur la même planète. Cette paix-là, c'est celle de la maturité des hommes et des peuples. Cet esprit de paix ne peut s'instaurer que par la mise en œuvre d'une série de moyens d'éducation qui éclairent, informent les gens de chaque pays et changent les habitudes de penser, d'écrire ou d'interpréter les choses. C'est surtout à ce travail de désintoxication des esprits, de réajustement du sens des réalités que pourrait s'employer un institut de recherches pour la paix. C'est par le canal de cet institut également que l'on pourrait essayer de concevoir une information honnête qui ne soit ni déformée ni amputée. Cette courte énumération des sujets abordés — et qui ne représentent qu'une parcelle des 49 résolutions qui seront soumises demain à l'assemblée générale de La Voix des femmes — vous montre qu'il ne s'agit pas seulement de vœux pieux, mais de gagner la paix par le dur et habituel chemin des hommes : un travail forcené et patient.

Au moment où se tenait près de Montréal cette conférence de La Voix des femmes, une autre voix — tragique celle-là —, celle des grandes puissances, s'est élevée et s'est mise à proférer des menaces précises de guerre nucléaire. Plus que jamais notre vie tient à un réflexe mal contrôlé tant à Moscou qu'à Washington. La tension d'une guerre froide savamment entretenue rend ces réflexes de moins en moins rationnels. Washington et Moscou se menacent de représailles nucléaires au sujet d'une petite île qui a le tort d'être située à 100 milles des côtes de la Floride.

Nous, à Montréal, nous avons le malheur d'être situés à 40 milles d'une petite ville américaine qui s'appelle Plattsburg, au bord du lac Champlain. S'y trouve une installation de missiles. Des journalistes canadiens ont été invités récemment à la visiter. Dans une fosse de 175 pieds environ, repose le long cigare muni d'une ogive nucléaire prêt à partir au signal. Il y a aussi, à Plattsburg, 12 rampes de lancement plus une série de bombardiers chargés de bombes atomiques et qui décolleraient eux aussi au signal du Pentagone, vers une direction X. En cas de représailles de l'ennemi, Montréal fait partie du rayon de mort qui entoure Plattsburg.

Femmes de Montréal, de Plattsburg, du Canada, du monde entier, notre souci majeur est le même. Nous n'avons pas le choix, nous ne pouvons plus rester indifférentes à ce qui se dit à Genève, à Washington ou à Moscou. Ce combat pour la paix auquel nous vous convions, il vous concerne d'une façon urgente, vous, vos enfants et votre famille. Ne pouvons-nous toutes ensemble essayer de faire entendre raison à ceux qui s'arrogent un droit de vie et de mort sur le genre humain? Il nous faut travailler vite, aujourd'hui. Demain, il sera trop tard. Il est déjà arrivé que des femmes unies aient séparé des combattants et mis fin à une guerre. Souhaitons que nous soyons les dernières Sabines à désarmer les derniers Curiaces et les derniers Horaces.

POUR UN NATIONALISME POSITIF

Conférence prononcée devant les membres du Club Kiwanis de Laval et leurs épouses, le 28 février 1963

Vous appartenez à ce milieu actif du commerce, des affaires, vous vous intéressez à des sujets concrets qui se rattachent à votre milieu, ce milieu où vous faites vos affaires, où vous gagnez votre vie et celle de votre famille. Gagner sa vie et élever des enfants, c'est croire dans l'avenir, c'est croire à la survivance de son peuple. Donc, parler de la destinée prochaine ou lointaine des Canadiens français et du nouveau visage de la nation canadienne-française, c'est parler d'une réalité qui nous rejoint tous. Notre nation (personne n'ose encore prononcer le mot « patrie »), ce n'est pas seulement le sol ou une province dans le Canada, c'est un ensemble de droits, de coutumes, de luttes, de dangers, qui nous sont communs. Vous m'avez fait l'honneur de me demander de venir vous parler. J'ai cru bon de choisir un sujet qui peut le mieux nous réunir : « Pour un nationalisme positif. »

Un phénomène de dépersonnalisation

Je me demande si ce mot « nationalisme » n'est pas dévalorisé en ce moment dans le Québec, vidé de son contenu par le mauvais usage qu'on en a fait depuis cent ans. Dans l'histoire des peuples, *nationalisme* va de pair avec courage, dynamisme, fierté ; il s'accompagne au moins d'un roulement de tambour, souvent d'une fusillade, il peut baigner dans le sang. Patriotes de Varsovie ou de Budapest ; Gandhi, Nkrumah ; combattants d'Alger ; résistants de France ou de Navarre, qu'il vous en a coûté pour défendre l'idée de patrie ou de nation !

Ici, le nationalisme (depuis la répression de 1837) est devenu une sorte de sport en chambre pour vieux messieurs tranquilles, remâchant des rêves sans danger, à l'ombre de leur clocher gardien de la langue et de la foi. Quand s'élevaient des voix pour réclamer quelques octrois en faveur des écoles séparées de l'Ouest ou lancer une campagne d'achat chez nous, elles venaient presque toujours uniquement de la Société Saint-Jean-Baptiste, le bataillon-choc de nos luttes. Par la plume, on s'est aussi beaucoup battu : Bourassa, Filion, Laurendeau... Voilà des hommes qui, à l'occasion, ont donné mauvaise conscience aux Canadiens français pressés de s'angliciser. Un historien, le chanoine Groulx, avait réussi à faire frémir l'épiderme de quelques jeunes bourgeois dans les années vingt et trente. Il y eut aussi une date dans l'histoire économique de notre pays : la création des caisses populaires et c'est à peu près tout.

Voilà le bilan de cent ans de nationalisme canadien-français : de l'eau tiède, un produit de folklore, de quoi faire sourire l'étranger. Quand un groupe de jeunes bien disants parlèrent de séparatisme il y a trois ans environ, il y eut des sourires entendus. On sortait d'une période étouffante, et l'idée de vivre en vase clos, entre soi, n'avait rien de bien attirant. En fait, dans tous les milieux sérieux : *Le Devoir* (sauf Jean-Marc Léger), *Cité libre*, chez les grands bourgeois, dans le commerce, la finance ou le clergé, l'idée de séparatisme faisait peur parce que l'idée de nation était ou absente ou détestée. On n'avait plus foi en soi-même : c'est ce qui s'appelle, dans les pays colonisés depuis longtemps, un phénomène de dépersonnalisation.

Par la puissance de l'occupant, des peuples entiers se sont reniés parce qu'on les avait convaincus qu'ils étaient « médiocres et incompétents ». Pourtant, au fond de chacun de nous, il y a toujours eu un vague sentiment d'appartenir à un groupe cohérent : une solidarité de pauvres était notre seul vrai lien. Oser revendiquer au nom de ce très vague sentiment le droit d'être les égaux des autres Nord-Américains tout en gardant notre personnalité ne venait pas à l'idée de la masse. La puissance financière de ce vaste continent nous écrase de tout son poids, de toute sa propagande. Pour entrer dans ce monde qui détient les clés de la finance, il faut franchir ce mur de la honte : abandonner sa langue, adopter les tournures d'esprit de l'autre, devenir semblable à lui.

Le réveil

Le premier son de trompe qui nous a fait sortir de cette léthargie, ce fut, je crois, le bruit que fit le livre du frère

Untel, *Les Insolences*. En fait, tout en critiquant les méthodes d'enseignement traditionnelles, il attaquait le mal en plein cœur : une éducation qui faisait de nous des citoyens de seconde zone et des êtres dociles. Ce genre de formation, c'est exactement la méthode qu'aurait employée n'importe quel sadique pour nous annihiler. La courbure du dos, l'échine souple, l'œil baissé devant toute autorité, cléricale ou politique, voilà comment on fabrique un peuple soumis, prêt à se renier ! Quand le frère Untel parle et fustige le « joual », il escompte un réflexe de fierté, un sursaut : le mal avoué, il nous reste à faire en sorte de l'extirper. Il n'a pas voulu humilier ses lecteurs, faire le masochiste inutilement : en éducateur il a voulu corriger. Les milliers d'ouvriers qui lui ont écrit de partout, de la Angus, de la Dominion Bridge ou d'Alma, l'ont parfaitement compris. *Les Insolences* étaient souvent le premier livre qui entrait dans certains foyers. Le terrain était préparé : le gouvernement pouvait dès lors parler d'enseignement gratuit, de fréquentation scolaire obligatoire, le grand public était prêt à saisir l'importance de l'instruction et à accepter des réformes pour en assurer la qualité. Voilà, à mon sens, un exemple de nationalisme positif.

En ce moment, nous assistons chez nous à de grandes transformations, à une évolution si rapide que toutes les prévisions en sont faussées, toutes les valeurs remises en question.

1. D'une part, la jeunesse (adolescente et post-adolescente) repousse toute forme d'autorité, qu'elle soit familiale, cléricale, sociale. C'est une véritable révolte, une crise de jeunesse plus accentuée que les autres. Y a-t-il encore des collèges qui réussissent à empêcher les garçons de fumer, qui les renvoient pour ce motif ? Des religieuses nous

disaient récemment qu'il n'est pas question d'interdire la lecture de tel ou tel livre aux grandes élèves — elles lisent tout. Récemment, les étudiants de l'Université de Montréal réclamaient un recteur laïque et le droit de faire partie du conseil d'administration de l'université. 2. D'autre part, le monde des adultes repousse lui aussi tout ce qui représentait ses maîtres sur le plan économique et politique. Cette révolte se fait autour de l'idée nationaliste. Les adultes refusent tout ce qui ressemble à une tutelle. C'est un mouvement qui correspond à la décolonisation dans d'autres pays. L'idée de nationaliser certaines richesses naturelles du Québec, comme l'électricité, découle de ce désir d'être adulte et maître chez soi. Jusqu'où ce désir conduira-t-il la province ?

Le phénomène créditiste, qui a surpris tant d'observateurs, provient sans doute de ce désir de « chambardement ». Les Créditistes réclament une réforme monétaire (logique ou pas, absurde ou pas) et, surtout, ils se présentent devant l'électorat en habit du pays, ils ont un air régional... Ils ont si bien senti le vent du changement pendant la campagne électorale fédérale du printemps 1962, qu'ils se sont mobilisés sur une question nationaliste — Gordon[1] et la fonction publique.

Le Nouveau Journal[2], pendant sa brève existence, a délié la presse (l'ensemble des journalistes), une fois pour toutes, de la peur d'écrire qu'un chat est un chat. *L'Esprit nouveau*, précédé du père Brouillé[3], a beau tonner contre ce désordre du journalisme, dire qu'il ne représente pas la population, le mouvement est irréversible, et on ne peut plus réduire les journalistes au silence : il va falloir se résigner à la grande lumière. Ce nouveau langage, l'habitude de discuter ouvertement sur la place publique, à la télévision, à la radio et dans

les journaux, de tous nos problèmes ont démystifié de
fausses valeurs et désarmorcé de grandes peurs. Tout va si
vite chez nous actuellement que... quand il s'agit de faire le
point, d'établir un bilan afin de savoir où nous en sommes
(comme tente de le faire actuellement la Commission
Parent), c'est s'exposer à être dépassé demain. Si des
mesures trop timides sont prises, elles risquent de ne plus
être valables dans six mois et d'être archaïques dans deux
ans.

Je songe à l'effroi qu'ont ressenti certaines personnes à la
fondation du Mouvement laïque[4], il y a deux ans. Gérard
Pelletier, qui n'est pas un trembleur, nous mettait en garde
contre ce mot « laïque » qui devait déchaîner une guerre
religieuse au Québec... Depuis, on en a vu bien d'autres : le
cardinal Paul-Émile Léger a demandé aux catholiques un
esprit de compréhension et d'œcuménisme envers tous les
hommes, agnostiques ou croyants. Depuis lors, on a pris
l'habitude de discuter, de prononcer tout haut certains mots
qui se sont ainsi déchargés de leur puissance explosive. Tout
comme certains névrosés ont besoin de parler de leurs problèmes pour en être délivrés, les Canadiens français avaient
besoin, après des années de censure et de silence respecteux,
de s'entendre penser tout haut, de s'entendre dire eux-mêmes
ce que d'autres avaient dit. La télévision surtout a joué ce
rôle de porte-parole, d'exutoire : tous les problèmes cachés,
qui avaient l'air honteux, douloureux ou malsains, une fois
mis à jour, s'éclaircissent, trouvent des solutions. Il nous
reste, une fois guéris, à agir, à créer.

Le sens de la lutte

Sans aucun doute, nous sommes à un moment important de notre histoire, une période transitoire. Tous ces changements ou ces désirs de changement vont déboucher sur quelque chose, mais quoi ? Les hommes qui détiennent quelques responsabilités dans la vie publique, pour la plupart, en sont conscients, car nous les voyons chaque jour rectifier leur tir, admettre tout à coup ce qu'ils refusaient hier, prendre des attitudes de plus en plus revendicatrices, comme s'ils avaient peur de manquer le bateau. Il y a des chefs de parti qui se font faire de la chirurgie plastique à même l'idée nationaliste ! Il n'y a pas de doute que la fédération telle qu'elle a été signée et surtout telle qu'elle a été appliquée a vécu ses beaux jours. Même les journaux anglais de Montréal acceptent l'idée d'une révision. Cependant, il faut noter que nos compatriotes de langue anglaise ont mis du temps avant de s'inquiéter de ce grand chambardement des idées. Et maintenant, ils sont pris de panique : les lettres des lecteurs dans les journaux de Toronto sont à ce point de vue significatives. Les plus candides de nos interlocuteurs nous demandent : « De quoi vous plaignez-vous ? Dites-le-nous et nous allons vous entendre. » D'autres, mieux informés, sont déjà prêts aux grandes concessions (Murray Ballantyne). Pierre de Bellefeuille, du *Magazine MacLean*, court même à Toronto pour dire à un auditoire anglais qu'il faut combler le fossé, qui s'élargit en vitesse, avec trois concessions : « New Deal » dans la fonction publique, notre part dans la gestion des entreprises exploitées au Québec et révision des accords fiscaux entre le fédéral et le provincial. C'est là le cri d'alarme d'un « bon-ententiste ». En fait, le « bon-ententisme » qui ressemblait à de la complaisance ou à une démission est bien mort. Même ceux qui croient encore que nous pouvons rester nous-mêmes, nous épanouir dans un Canada à majorité anglaise ne croient plus qu'il suffise de nous en remettre au fair play de nos compatriotes. J'ai eu récemment l'occasion de rencontrer en Ontario des groupes de Canadiens français. De ces minorités dont on se dit qu'il est inutile pour elles d'essayer de survivre, qu'elles mènent un combat d'arrière-garde, perdu d'avance. Peut-être, mais personnellement, j'ai vu tant d'obstination chez ces hommes et ces femmes, comme si la lutte les avait rendus plus durs, plus irréductibles, que je pense qu'ils en ont encore pour longtemps avant d'être considérés comme finis. Et puis, dès que le Québec reprend du prestige, parle haut et ferme, ces minorités en bénéficient immédiatement : les autorités leur accordent plus d'importance et écoutent plus favorablement leurs demandes. Notre rayonnement les aide à survivre.

Même appelés à disparaître, ces hommes et ces femmes luttent, croient en quelque chose, ils se battent pour une idée, et déjà c'est une qualité. Par ce combat, ils valent plus et mieux que ceux de leurs compatriotes qui ruminent les valeurs américaines sans se poser de questions. Tenir tête à une puissance, lutter, avouez que ça fait des hommes. Il n'y a plus beaucoup de combattants en Amérique du Nord, le pays du plus haut standard de vie au monde. Nous avons la chance d'être encore parmi les combattants, profitons-en... Rien de plus fade, de plus terne, de plus ennuyeux que les peuples qui n'ont plus rien à défendre ni à revendiquer, la Suisse par exemple.

Ce qui fait notre force et notre faiblesse à la fois dans ce débat au sein de la fédération canadienne, c'est la présence de notre voisin, les États-Unis. Faiblesse, car la véritable indépendance sous-entend une indépendance économique et la nôtre est aliénée complètement aux mains de la finance et de l'industrie américaines au point qu'il n'était pas ridicule du tout de voir, aux dernières élections de juin, le consulat américain à Montréal recommander à ses ressortissants de ne pas voter, leur expliquant que cette élection ne les concernait pas. En fait, les Américains sont financièrement chez eux au Canada et dans la province de Québec par les filiales de leurs compagnies et par l'importance de leurs investissements. Force aussi que ce voisinage. Nos compatriotes de langue anglaise, qui craignent tant de devenir Américains, se rendent compte de plus en plus que leurs meilleurs alliés contre l'américanisme, ce sont les Canadiens français. Notre minorité devient nécessaire à la survie de la majorité : voilà une puissance de marchandage que nos politiciens canadiens-français ne devraient pas oublier quand il s'agit de traiter les affaires du Québec et de toutes les minorités de langue française dans le pays.

Dans cette évolution, cette marche vers l'inconnu, un fait nouveau devrait nous aider à avancer dans la bonne direction, c'est la confiance de plus en plus grande que nous prenons en nous-mêmes. Fini le mythe de l'homme d'affaires anglo-saxon imbattable et du Canadien français congénitalement cancre. Nous savons maintenant que, pour faire des affaires, il faut des capitaux, et qu'il est plus difficile de devenir millionnaire en partant d'une épingle que de commencer avec l'appui de la rue Saint-Jacques.

Jusqu'ici, la rue Saint-Jacques était une sorte de club fermé pour Anglo-Saxons. La Commission Porter donnait, en 1957, les statistiques suivantes — qu'il est toujours utile de se remémorer quand il s'agit de prendre la mesure de notre place au soleil — sur le nombre de Canadiens français qui occupent des postes clés au sein de conseils de direction, dans la grande industrie : Canadiens français, 6 p. 100 ;

Juifs, 1,5 p. 100 ; Américains, 25 p. 100 ; Anglais, 67,5 p. 100.

Dans ce domaine-là aussi, il y a évolution et les portes de la rue Saint-Jacques s'ouvrent peu à peu aux nôtres. Le président de la Bourse de Montréal a lui-même réclamé une plus juste part pour les Canadiens français. Là où les portes restent fermées (les banques, par exemple), c'est à l'État de forcer la situation et de créer les institutions nécessaires : institution de prêts à long terme, société générale de financement, pour aider au lancement d'industries nationales. Car notre dépendance sur le plan économique envers les États-Unis nous expose entre autres à de violentes récessions. Il est donc urgent de nous donner une industrie nationale. La sidérurgie en serait l'une des pièces maîtresses et pourrait conduire à la fabrication de machines ou d'articles qui sont actuellement fabriqués en Ontario. Toutes ces mesures ne sont pas uniquement politiques ; elles correspondent à un désir de nationalisme positif.

Maîtres de notre destin

Comment chacun de nous peut-il travailler à cet épanouissement de la nation canadienne-française ? Nous pouvons y participer sur trois plans :

1. Sur le plan personnel. Chacun de nous, par sa volonté, doit se mettre au service de l'idée de réforme de l'État sous tous ses aspects. Chaque citoyen, dans la mesure de ses forces, est responsable de l'avenir et du visage du pays. Quel prix sommes-nous prêts à payer pour être maîtres chez nous, maîtres de notre destin ? Je crois qu'il nous faut devenir plus exigeants envers nous-mêmes et envers ceux qui nous représentent. Qualité, audace, com-

pétence... Exigence envers nos éducateurs, car ils forment les Canadiens français de demain, qui auront besoin d'être mieux armés que nous ; il faut exiger une éducation de premier ordre, justement parce que nous sommes un petit peuple, toujours menacé d'être submergé : l'une des conditions de notre survivance est la qualité de l'éducation (un français de qualité).

2. Au niveau des institutions. Il faut mener la lutte en groupe, en association. Il n'y a que l'union qui puisse permettre à un petit groupe de résister, de tenir tête aux vastes concentrations de capitaux étrangers. Songeons, par exemple, au succès qu'une entreprise comme le Marché commun a remporté face à l'Amérique par ses prix, sa concentration industrielle et son volume de production. Chez nous, les caisses populaires sont un exemple de ce que nous pouvons faire en unissant nos efforts, mais il y a lieu d'améliorer les fonctions de ces « fausses banques » afin de leur permettre de jouer un rôle plus complet dans la vie économique de la province. Au niveau du consommateur (et ici je me tourne particulièrement vers vous, mesdames, qui détenez la bourse du budget familial). Il faut faire un effort ; il faudrait acquérir suffisamment de conscience nationale pour encourager automatiquement les industries, les produits, les services de chez nous. À qualité et à prix égal, il va sans dire que vous achèterez canadien. Mais même si la présentation n'est pas aussi jolie, ne devrions-nous pas faire un petit effort pour acheter le plus souvent possible *made in* Canada ? *Made in* Québec viendra plus tard, quand nous aurons assez d'industries pour parler de label. Est-il besoin de rappeler à un auditoire aussi distingué que celui-ci qu'à notre époque, au Québec, nous nous devons à nous-mêmes d'exiger du français partout dans

les affaires et le commerce ? C'est une façon, pas toujours agréable, de participer à la lutte nationale pour faire
reconnaître nos droits à vivre chez nous dans notre
langue.

3. Enfin, au niveau gouvernemental. Par ses lois, le gouvernement peut aider ou non à ce mouvement de rénova-
tion national. Mais n'oublions pas qu'un gouvernement
agit le plus souvent sous la pression de l'opinion publique, donc de l'électorat. Il ne faudrait plus que l'électorat
soit ce troupeau plus ou moins conscient des nécessités
de l'heure, facile à émouvoir avec des épouvantails
démodés.

Jusqu'à tout récemment, et aujourd'hui encore en province, il suffit de dire « socialiser » pour faire peur à des
gens qui ignorent tout du socialisme. « Nationaliser » est
venu à point pour remplacer un terme aussi vulnérable ;
parce que, à notre époque et surtout dans des pays à économie faible — sous-développée — comme la nôtre, il est
inutile de parler de redressement sans envisager certaines
mesures « nationales », étatiques, comme celle touchant
l'électricité. Autrement c'est l'anarchie : un mal dont on
parle rarement, mais qui existe là où on laisse les puissants
avaler les petits en toute liberté et au nom justement de la
liberté. La liberté, c'est le moyen ou la faculté de choisir.
Quand, dans un État, il n'y a de libertés possibles que pour
certaines puissantes entreprises, que pour certains groupes
d'hommes, où est la liberté des moyens et des petits ? Et
parler alors de démocratie, c'est de l'hypocrisie. Mais c'est
une hypocrisie qui a bien servi et qui sert encore bien des
intérêts. C'est contre cette injustice et cette anarchie que
l'État doit intervenir non seulement en arbitre, mais en agent
protecteur et efficace. (Exemple : l'Amérique latine par rapport à Israël et à la Suède.)

Période de transition, évolution rapide soit, mais dont la direction reste inconnue. Nous savons que nous bougeons, mais nous ne savons pas encore où nous allons. Le danger serait de tourner en rond et de revenir, après un peu d'agitation, à notre point de départ.

C'est pourquoi il est important pour chacun de nous de rester conscient de cette transformation et d'y jouer un rôle positif, progressiste. L'État du Québec est en train de se faire sous nos yeux. Il sera fait à notre image. Par nos paroles, nos décisions, notre façon d'agir, nous pouvons orienter cette marche en avant. Il est assez exaltant au fond de se dire que nous vivons une époque de changement et que nous pouvons y laisser notre empreinte, grande ou petite.

C'est cette pensée, cette perspective de l'avenir en marche qui devrait nous donner le courage de nous réformer dans un sens positif pour la grandeur de la nation canadienne-française et d'exiger des réformes tout aussi profondes de la part des institutions et des hommes qui nous encadrent. Nous avons été un peuple manœuvré. C'est à nous maintenant de manœuvrer l'histoire pour nous.

Notes

1. Donald Gordon, le président unilingue anglais du Canadien National, avait justifié publiquement l'absence totale de Canadiens français aux dix-sept postes de cette société d'État par cette phrase : « Les promotions se font au mérite.» Des manifestations de masse s'étaient alors produites un peu partout au Québec ; les plus retentissantes avaient eu lieu à Montréal : l'une organisée par le Rassemblement pour l'indépendance nationale (RIN) et l'autre, qui tourna à la violence, par l'Association générale des étudiants de l'Université de Montréal.

2. *Le Nouveau Journal,* quotidien montréalais dirigé par Jean-Louis Gagnon, ex-rédacteur en chef de *La Presse*, parut de septembre 1961 à juin 1962.

3. Le père Brouillé, un jésuite, directeur d'un mensuel appelé *L'Actualité*, mena une campagne contre *Le Nouveau Journal*, réclama une enquête sur les journalistes et provoqua de virulentes polémiques.

4. Le Mouvement laïque de langue française, fondé en avril 1961, demandait l'établissement d'un système public d'écoles neutres du primaire à l'université, égal en droits et parallèle aux deux systèmes confessionnels au Québec, le catholique et le protestant — un système qui n'existe pas encore aujourd'hui. Ce mouvement, qui réunissait intellectuels, artistes, syndicalistes et jeunes parents progressistes de l'époque, déclencha un débat passionné dans la société. Judith Jasmin en fut la première vice-présidente, mais Radio-Canada la mit en demeure, six mois plus tard, de choisir entre le journalisme et son engagement social, et elle démissionna du MLF.

DEUX LETTRES SUR LE TERRORISME

Lettre au FLQ (publiée sous le titre «Lettre ouverte aux terroristes», dans Le Devoir du 4 juillet 1963)

Alger, mai 1963

Ici, sur cette terre baignée du sang d'un million de victimes de la guerre de libération, je pense à vous qui avez adopté quelques-unes des méthodes de combat employées par les patriotes algériens. À la clé, il s'agit bien d'indépendance, mais le contexte est sensiblement différent. Certes, vous avez réussi à attirer l'attention du monde sur le Québec. Beaucoup de jeunes Algériens connaissent votre mouvement; ils nous interrogent parfois sur «notre mouvement de libération»...

Quand il s'agit de leur raconter nos malheurs, les sévices dont nous sommes victimes, les injustices qui nous écorchent... j'ai un peu honte d'avoir si peu à leur dire. Nos frustrations ne sont pas du même ordre de grandeur et nous paraissons singulièrement gâtés devant eux.

Où sont nos 2000 fusillés de Sétif, qui suscitèrent les premières organisations secrètes dont «le vol de la poste d'Oran» ne fut qu'un épisode? Où sont nos gourbis et l'indignité de se voir refuser le droit de vote, de choisir ses élus, de posséder tel commerce, d'accéder à tel poste? Le revenu moyen annuel d'un Algérien: 40 $. Celui d'un Canadien: 2600 $. Quatre-vingts pour cent des Algériens sont analphabètes, dépossédés des terres les plus riches.

Dans l'histoire de la conquête de l'Algérie au XIXe siècle, on ne compte plus les pillages, les viols, les massacres, alors que femmes et enfants furent traités comme du bétail. Qu'avons-nous à mettre dans le plateau de la rébellion du Québec qui soit comparable aux martyrs d'Algérie?

Vous avez admiré, à bon droit, le courage des Algériens combattant pour leur indépendance, et vous essayez de calquer votre démarche sur la leur. Ce que vous en retenez, c'est l'imagerie spectaculaire et violente comme un western: bombes, tribunaux révolutionnaires, vols de banque. Vous oubliez un peu facilement que le peuple algérien désespéré, misérable, n'ayant rien à perdre, s'est rangé tout entier (ou presque) derrière le FLN. L'autre aspect — que vous trouverez moins attrayant, je le crains, car nous sommes d'affreux bourgeois assoiffés de confort, avides de sécurité, c'est l'effort dont est capable le peuple algérien pour gagner son indépendance économique. Actuellement, après sept ans de guerre, des milliers de pauvres, de chômeurs, de quasi-mendiants se dépouillent de leurs modestes bijoux: bagues ou montres, de leurs économies, de leur salaire, se privant d'un repas pour augmenter le Fonds de solidarité nationale.

Des milliers d'autres, jeunes gens, ouvriers, employés de bureau, participent au reboisement ou aux travaux des champs, à titre de travailleurs volontaires le dimanche. Des milliers de jeunes filles donnent des cours, le soir, aux adultes pour réduire le taux d'analphabétisme; et tout cela par «patriotisme».

Rangez votre arsenal de violence, aspirants héros de l'indépendance; le travail à faire chez nous est bien plus difficile que vous ne le soupçonnez. Et si vous avez du courage de trop, attelez-vous à la restauration du pays.

Éduquer, élever le niveau moral du citoyen, le rendre exigeant envers lui et ses représentants, sensible au bien de la communauté. Transformez-vous en missionnaires de la qualité civique. Aidez nos compatriotes à devenir des hommes de qualité supérieure. Voilà qui ouvrirait plus sûrement le chemin de l'indépendance qu'une série de bombes semées au hasard.

Mais c'est un travail qui demande de la patience et un long courage. Je crains que vous n'ayez opté pour la facilité.

En tout cas, avec vos bombes toutes bêtes, vous ne rendrez pas les Québécois semblables aux Algériens. Au contraire, craignez de susciter des martyrs et des héros parmi les gens d'en face, ceux-là mêmes que vous visez.

Les Canadiens anglais étaient des gens quelconques, sans beaucoup de saveur; vous êtes en train de les rendre intéressants.

Lettre à la rédaction du Devoir (publiée par le quotidien le 5 juillet 1963)

Madame Judith Jasmin fait une mise au point

Madame Judith Jasmin s'est déclarée hier «péniblement surprise» de lire dans Le Devoir *du 4 juillet un article sur le FLQ qu'elle avait rédigé avant l'arrestation des présumés terroristes. Elle offre ses excuses aux prisonniers. Nous comprenons sa réaction et publions volontiers sa mise au point.*

Nous pensons, toutefois, qu'il est injuste de nous imputer le «cynisme» ou le «zèle des justiciers» dont elle se croit maintenant coupable. Nous avions pris soin de prévenir le lecteur que sa lettre était antérieure aux événements... (NDLR).

J'ai été péniblement surprise de voir l'emploi que vous avez fait dans l'édition du 4 juillet d'une lettre écrite au début de mai, avant l'arrestation des membres du FLQ. Vous étiez d'accord pour la trouver dépassée par les événements, n'est-ce pas? Je m'étais fiée à cette réponse, trouvant, tout comme vous, que l'on ne donne pas de leçons à des gens qui sont «touchés».

Or, à ma grande surprise, vous l'exhumez maintenant, en plein débat. N'avons-nous pas l'air, votre journal et moi, de faire montre de quelque cynisme? Parler d'un ton sec (c'est le mien, hélas) à des jeunes gens arrêtés, brutalisés par la police, passés à tabac, menacés de perdre leur liberté... c'est assez moche. En tout cas ce n'est pas mon rôle. Mais, grâce à votre zèle, me voilà dans le camp de ces justiciers et de ces moralistes qui se donnent beau jeu, sur le dos des prisonniers, pour harceler un nationalisme égaré dans les avenues de la violence.

J'avais voulu servir la cause du nationalisme canadien-français en essayant de ramener à la non-violence des garçons dont je respecte, sinon les méthodes, du moins l'idéal... et voilà que je fais le jeu de ceux qui nous font un épouvantail du séparatisme!

Aux prisonniers du FLQ que ma lettre a pu blesser comme une vexation supplémentaire et inutile, j'offre l'expression de mes excuses et de mes profonds regrets.

SUR L'ASSASSINAT
DE ROBERT KENNEDY

Topo livré au Téléjournal de Radio-Canada, le 6 juin 1968

L'Amérique malade? Oui, mais pas plus que le reste du monde. Ne soyons pas pharisiens au point de penser que l'Amérique seule porte le poids de la violence, cette violence dont les hommes ont usé et abusé tout au long de leur histoire.

Mais l'Amérique a peut-être cru trop naïvement dans sa pureté. Elle s'est crue un monde à part que ses institutions, ses qualités, sa richesse plaçaient au-dessus des autres.

Ce que nous ont appris ces morts tragiques, qui viennent d'ensanglanter la vie publique américaine, c'est que ce pays est comme les autres: vulnérable et faillible.

Le soir même où meurt le jeune sénateur de New York des suites d'un attentat, deux mois après l'assassinat de

Martin Luther King, les Américains font un examen de conscience: philosophes, psychiatres, sociologues, commissaires-
enquêteurs, tous s'y emploient. Le doute est entré dans les
cœurs et, avec lui, une plus grande humilité. Un pays comme
les autres, qui n'a pas que des leçons à donner mais qui peut
en recevoir; un pays qui souffre autant que les autres, chez
qui les puissants tombent aussi facilement qu'au Congo ou
en République dominicaine. Et voilà qui ramène l'Américain
à sa vraie dimension, celle d'un homme, tout simplement.
Fini le «superman».

Et avec la mort du mythe, la naissance d'une image plus
facile à aimer. Un Américain qui serait enfin aimé! Au plus
profond de lui-même, chaque citoyen des États-Unis caresse
ce rêve, cette nostalgie.

N'y a-t-il pas eu une époque d'or où il était le modèle de
toutes les vertus? Généreux, dynamique, simple, fraternel? Il
ouvrait son pays et assurait le succès à tous ceux qui avaient
du cœur au ventre. Le succès? C'est peut-être cela qui a terni
finalement les bonnes intentions. Plus rien n'a compté
finalement que le succès. Et ainsi, mouraient tout seuls,
méprisés, les commis-voyageurs qui n'avaient pas eu de
succès...

Robert Kennedy incarnait le héros de l'âge héroïque. Il
était un Américain aimé des étrangers, du peuple, des Noirs,
des pauvres, des jeunes. Il représentait au sein de son parti
la contestation et, à cause de cela, il devenait un gage de
réconciliation. Il promettait le retour à l'âge d'or. «Nous
bâtirons ensemble une Amérique plus juste», disait-il au
cours de sa campagne de 80 jours.

Cette Amérique plus juste, que tous les hommes sou-
haitent revoir parmi eux, d'Hanoï à Panama, du Caire à
Konakry, de Montréal à Mexico, elle va peut-être se faire
sans lui maintenant. Parce que sa mort a quand même changé

quelque chose. La grande compassion de Robert F. Kennedy pour les pauvres, pour ceux qui meurent au Viêt-nam comme pour ceux qui meurent de faim dans les Appalaches ou le Mississippi, va peut-être orienter une nouvelle politique, changer le cours des élections, comme s'il fallait qu'un politicien se change en victime pour devenir finalement un héros capable d'inspirer un peuple.

LES NATIONS UNIES
ET LA SITUATION MONDIALE

*Conférence prononcée à l'occasion de la Journée des Nations Unies,
à Québec, le 24 octobre 1969*

C ette journée symbolique de l'union des peuples,
vous avez choisi de la souligner, de l'honorer parce
qu'il existe encore des hommes et des femmes qui
croient dans ce vieux rêve : un monde pacifique, capable de
dialoguer, de régler ses différends autrement qu'avec des
bombes, des fusils ou du napalm !

Si vous êtes de ceux-là, je vous en félicite. Mais beaucoup de gens perdent de plus en plus confiance et trouvent
que les Nations Unies forment une belle façade, un peu
hypocrite, grâce à laquelle les peuples soulagent leur conscience sans jamais rien céder d'important quand il s'agit de
leurs intérêts premiers.

Il est certain que l'Assemblée générale et plus encore le Conseil de sécurité font penser à des groupes de sourds qui essaient d'engager la conversation. Chacun a droit de parole, chacun peut établir ses positions, se plaindre du voisin, mais chacun, en définitive, continue d'agir selon ses intérêts sans trop se soucier de l'opinion mondiale, ni des résolutions qui ne lui sont pas favorables. On sait, par exemple, qu'Israël a ignoré quinze résolutions qui condamnent sa conduite depuis 1967 : qu'il se soit agi de donner un statut neutre à Jérusalem, d'accepter le retour des réfugiés ou la simple condamnation d'actes militaires. Israël a trouvé le Conseil rempli de préjugés et injuste, ce même Conseil qui l'a mis au monde en 1949, il y a vingt ans. Il en est de même de l'Afrique du Sud.

D'autre part, l'incapacité des Nations Unies à jouer un rôle efficace dans le rétablissement de la paix — au Viêtnam ou au Biafra —, à corriger des situations cruelles — l'apartheid en Afrique du Sud ou l'annexion du sud-ouest africain par le Cap —, tout cela discrédite l'auguste assemblée et souligne sa réelle impuissance au niveau politique, surtout quand il s'agit de convaincre des nations puissantes.

Par contre — et je vais maintenant insister sur les aspects positifs des Nations Unies —, il faut bien admettre que les petits pays, les nations pauvres, le tiers monde, tous ceux-là qui ont la faible part dans les agences de presse, dans les préoccupations des grandes capitales, ont aux Nations Unies une occasion unique de se faire entendre, de faire connaître telle ou telle situation exécrable : on se souvient de l'Algérie, du Congo. Mettez-vous à la place d'un paysan du Tchad, d'un berger du Yémen, vous comprendrez que, pour une grande partie de l'humanité, les Nations Unies représentent une puissance morale, douée d'un prestige tel qu'elles peuvent tenir en respect un ennemi ou faire reculer un tyran.

Parmi les conflits évités grâce à l'intervention des Casques bleus, il y a Chypre où le Canada a joué un rôle dont il n'est pas peu fier. Des conflits arrêtés : le Cachemire, la Corée, la guerre au Moyen-Orient.

Aux États-Unis (les lettres des lecteurs dans les journaux le reflètent), on s'impatiente de voir la place que tiennent, par le nombre, les pays du tiers monde aux Nations Unies. « Ces gens-là vont nous faire la loi », dit-on. Mais les pressions des pays riches sur ceux qui ont besoin d'aide sont telles que, finalement, les blocs ne suivent pas la ligne de l'intérêt commun : ainsi, il a toujours été difficile d'obtenir plus qu'une condamnation morale de l'Afrique du Sud, et pourtant le nombre de pays qui condamnent la politique d'apartheid et voudraient une intervention militaire est sûrement majoritaire. Mais aucune grande puissance blanche ne veut partir en guerre contre l'Afrique du Sud.

Les grands pays qui trouvent injuste que leur voix ait le même poids que celle d'un petit pays africain ou asiatique oublient que « un pays, une voix », c'est la base même de la démocratie telle que nous la concevons de nos jours : un homme, une voix, qu'il soit millionnaire ou gueux. Cette conception a mis du temps à rallier les consciences en Occident. De même, des gens pensent encore qu'en matière de prestige national, les petits pays ont moins de droits que les grands, du moins quand il s'agit de nouveaux décolonisés, car personne ne met en doute, par exemple, l'existence et les droits de la Hollande ou de l'Albanie. Les difficultés des Nations Unies, les désaccords et les piétinements qui caractérisent son aventure, reflètent les difficultés d'un monde lent à évoluer, lent à accepter d'autres images et d'autres usages que ceux qui ont modelé les nations à travers les siècles : à savoir que la force et surtout les armes sont l'argument suprême.

Mais, même si les esprits évoluent plus lentement que ne se développe la technique, il est essentiel de maintenir les Nations Unies comme une sorte de laboratoire où finalement, à force de recherche et de patience, on trouvera la formule de l'entente ou du moins de la négociation universelle. De cette formule qu'aucun mathématicien n'a encore mis en équation, peut découler sinon la paix, du moins l'absence de conflit violent. Mais la Lune était plus facile à atteindre...

Quels sont, malgré les obstacles à surmonter, les grands changements que les nations devraient commencer à entreprendre pour que les Nations Unies puissent un jour mériter leur nom ? J'en vois deux principaux — l'un d'ordre politique, l'autre d'ordre économique.

Notre monde est mené par un concept assez primitif : les riches ont plus de droits que les pauvres. Tous les moralistes, religieux ou laïcs, qui ont essayé de structurer l'homme et la société autour de l'idée d'« égalité », n'ont fait qu'entamer l'idée primitive, ils ne l'ont pas abolie.

Aux Nations Unies, cinq nations, au lendemain de la guerre — elles avaient des excuses et sortaient d'un conflit coûteux —, se sont arrogé une part spéciale au Conseil de sécurité : le droit de veto. L'Union soviétique, les États-Unis, la Grande-Bretagne, la France et la Chine de Chiang Kaï-shek sont donc un peu plus égales que les autres nations. Toutes les résolutions doivent avoir leur accord. La guerre froide, c'est-à-dire la division du monde en deux grands blocs (libre et communiste), a donné au droit de veto encore plus d'importance. En somme, pour qu'une résolution passe sans veto, elle doit être libellée de façon à satisfaire les deux grands blocs, les autres nations se rangeant sous la bannière d'un des grands. Le bloc des neutres que les Scandinaves ont tenté de former n'a pu réellement fonctionner faute de droit de veto. Donc, tant que durera un conflit idéologique doublé d'une énorme puissance militaire entre les deux plus fortes nations, il est clair que les Nations Unies ne pourront jouer qu'une partition effacée, les deux grands solistes tenant solidement l'avant-scène.

L'autre grande division qui sépare le monde selon un autre axe est l'inégalité économique. Et cette division est, à mon avis, encore plus grave que les discussions idéologiques, si souvent soumises aux intérêts du moment. Tous les rapports, toutes les études nous l'ont appris : la différence entre pays riches (c'est-à-dire industrialisés) et pays pauvres (c'est-à-dire fournisseurs de matières premières) va s'accentuant, malgré les différents plans d'aide, l'Alliance pour le progrès, l'assistance économique, etc.

On a confié au Conseil économique et social des Nations Unies le soin d'étudier et de proposer des remèdes à cet état de fait. L'une des commissions du Conseil, l'UNCTAD, qui s'occupe principalement de commerce et de développement, a tenu à la Nouvelle Delhi, l'an dernier, de grandes assises qui ont duré deux mois. Cent trente et un pays se sont séparés sur un désaccord complet, les pays riches s'objectant aux principales demandes du tiers monde. (Je reviendrai là-dessus tout à l'heure.) Récemment, une conférence des pays d'Amérique latine à Vina del Mar, au Chili, a formulé un rapport dont les conclusions étaient sensiblement les mêmes que celles des pays pauvres à la Nouvelle Delhi. Réactions identiques de la part de Washington, puisque l'Amérique latine, qui évolue surtout dans l'orbite de l'oncle Sam, s'adressait principalement à la grande république du Nord.

Le gouverneur Rockefeller, après bien d'autres experts, est allé se renseigner auprès des gouvernements d'Amérique du Sud — du moins ceux qui l'ont reçu. Son rapport est encore secret, mais sera dévoilé en partie bientôt, lorsque le président Nixon formulera sa nouvelle politique envers l'hémisphère sud. D'après certaines sources, on prévoit que le président Nixon s'abstiendra de promettre plus qu'il ne peut tenir. Enfin, le rapport Pearson, pour le compte de la Banque mondiale, présenté récemment à la réunion du Fonds monétaire international, demande que les pays riches augmentent l'aide aux pays en voie de développement jusqu'à concurrence de 2 p. 100 de leur revenu net et qu'ils abaissent leur taux d'intérêt à 2 p. 100 pendant vingt ans.

Je m'excuse de vous présenter une matière un peu sèche, mais c'est à partir de ces données que l'on peut trouver la clé d'un problème que les Nations Unies ont pour mission de dénouer.

Je reviens aux demandes réitérées des pays pauvres, formulées soit à l'UNCTAD soit à Vina del Mar. On sait que les nations en voie de développement sont généralement productrices de matières premières ou de produits agricoles mais qu'elles ne les transforment pas elles-mêmes. Ce que ces pays demandent, c'est la stabilisation des prix et l'abaissement des tarifs douaniers. Les pays importateurs qui transforment et consomment cette production refusent. Sur le marché mondial, c'est le jeu de l'offre et de la demande qui fixe les prix. La preuve : l'impossibilité de maintenir les prix du blé cette année. Malgré le soutien accordé par certains gouvernements, le prix du blé a suivi la courbe descendante de la demande due à la surproduction.

Quand il s'agit de produits des pays tropicaux — café, cacao, sucre, caoutchouc —, les prix diminuent alors que ceux des objets manufacturés augmentent régulièrement. D'où l'impossibilité grandissante pour les pays non industrialisés de se procurer les objets de consommation ou la machinerie nécessaire à leur propre décollage économique. On sait que de nouveaux droits de tirage et des plans d'aide, des prêts bilatéraux entre certains gouvernements peuvent augmenter le pouvoir d'achat de certains pays non industrialisés. Ce sont toujours des cataplasmes temporaires qui ne font qu'augmenter la dette nationale. À moins qu'un pays ne se soumette à un régime d'austérité quasi inhumain, comme à Cuba.

Pour mieux vous faire comprendre le point de vue des pays en voie de développement, je cite ici un passage d'un discours que prononçait dernièrement à New York M. Galeo Plaza, secrétaire général de l'Organisation des États d'Amérique :

> On ne sait pas que, généralement, plus de 80 p. 100 de tout le capital, qui allait officiellement à l'aide au développement de l'Amérique latine, n'était pas un don, mais un prêt remboursable en dollars. Plus de la moitié des sommes ainsi avancées pendant la décade de 1960 a déjà été remboursée, intérêts et capital. Les intérêts se sont montés, seulement pendant les sept premières années, à 734 millions de dollars. Quatre-vingt-dix pour cent de chaque dollar prêté est dépensé aux États-Unis, soit pour de la marchandise ou des services.

Ce reproche est typique et ressemble à toutes les plaintes des pays du tiers monde envers l'aide des pays riches. En d'autres mots, il s'agit d'une aide « liée ou sous conditions ». Les pays d'Amérique latine désirent que l'aide soit multilatérale et qu'elle ne soit pas soumise à des conditions telles que la plus grande partie de l'argent prêté soit utilisée ou à payer des intérêts ou à acheter très cher certains produits qu'ils pourraient se procurer à meilleur compte ailleurs. En résumé, les pays en voie de développement demandent une aide multilatérale — plusieurs prêteurs —, des prêts par l'entremise d'organisations internationales et des intérêts faibles à long terme.

C'est le mérite du rapport Pearson d'avoir inclus dans ses recommandations la plupart de ces points de vue. Certains croient ou espèrent que le président Nixon s'inspirera de ce rapport pour établir les grandes lignes de sa future politique envers l'Amérique du Sud (le 31 octobre 1969). Mais il est à prévoir qu'en ces temps de vaches maigres et de difficultés budgétaires, le Congrès ne ratifiera pas une aide trop généreuse ; de plus, il est question d'augmenter l'aide militaire pour mater la subversion. Aide militaire et aide économique sont parfois groupées et proposées ensemble. Pourtant, les pays pauvres ne sortiront jamais du sous-développement par un accroissement d'un arsenal démodé.

Même si le rapport Pearson témoigne d'un certain idéalisme, il s'oppose à la stabilisation des prix des matières premières. Car il s'agirait d'une sorte de dirigisme, de planisme à l'échelle internationale. Il est évident que bien des intérêts privés y perdraient. Pensez au cours de la bourse avec ses bonds et ses reculs qui permettent à tant de gens de gagner ou de perdre.

Ce jeu de hasard ne profite pas aux pays en voie de développement. Les prix à la source restent bas, alors que le coût de l'industrie de la transformation augmente régulièrement. Beaucoup de jeunes pays (autrefois colonisés) ne vivent que d'une culture ou de l'extraction d'un seul minerai. Tout le budget national dépend parfois d'une seule récolte. Quand les prix baissent d'une fraction de centime, c'est la faillite, la dévaluation de la monnaie. Si, par l'un de ses organismes, le Conseil économique et social arrivait à stabiliser les prix, à abaisser les tarifs douaniers, la moitié des problèmes du développement serait résolue. Mais les profits de certains gros intérêts et de pays importateurs en seraient diminués. On voudrait tout résoudre sans faire de sacrifice.

Comment se fait-il que l'on ait si bien diagnostiqué le mal et ses causes : différence entre pays riches et pauvres, et qu'on s'entende si mal sur les remèdes à apporter ? Les pays riches — n'oublions pas que nous vivons dans le sillage des riches et appuyons officiellement leur point de vue — ne sont pas riches seulement de leurs vertus et de leur travail, comme certaines bonnes âmes le croient. Non, la richesse n'est pas la récompense accordée au mérite, comme le proclamaient jadis les pasteurs des églises réformées. La très grande richesse est bien plutôt le fruit de l'exploitation et de la spoliation par la force policière, militaire ou économique. Même si c'est Marx qui a fait le premier cette analyse, elle a souvent été vérifiée depuis par des non-marxistes. Au xxᵉ siècle, il y a encore des pays qui mettent leur force armée, c'est-à-dire leur politique étrangère au service de compagnies privées — pétrolières, minières ou fruitières.

Par exemple, si les intérêts de telle société exploitant des puits de pétrole dans telle région de l'Amérique du Sud se trouvent menacés par la politique nationale du pays, la diplomatie et la politique étrangère du pays d'origine de la compagnie exploitante vont intervenir, comme un chien de garde des intérêts privés. Exemple : l'an dernier, le Pérou voulait nationaliser ses gisements de pétrole, exploités depuis cinquante ans par une compagnie américaine qui ne paie pas de droits. Les États-Unis, au lieu de dire que voilà un différend qui ne regarde que la compagnie et le gouvernement péruvien, tentent d'intervenir directement et font valoir un amendement qui leur permet de couper l'aide militaire au Pérou. Il en est allé de même par le passé pour des compagnies comme la United Fruit au Guatemala.

Par contre, lorsque l'Algérie, nouvellement indépendante, nationalise les vignobles d'un riche planteur français, le

général de Gaulle, à qui l'on annonce la nouvelle, rétorque :
« Le gouvernement d'Alger a-t-il touché à nos accords ?
Non. Alors les affaires de M. X ne regardent que lui et non
la France entière. »
Ce sont là deux façons de distinguer l'intérêt général et
l'intérêt particulier. Car si l'intérêt national se confond avec
l'intérêt de compagnies privées ou d'individus privilégiés, il
est évident que jamais les gouvernements ne pourront
s'entendre pour effacer les inégalités régionales. En somme,
il ne faudrait pas que la fierté nationale, le drapeau ou tout
autre symbole émotionnel serve de couverture à des opéra-
tions d'ordre commercial et matériel. Dans les exemples
cités plus haut, on note que tous les contribuables américains
sont appelés à participer au sauvetage de compagnies dont ils
ne sont pas tous actionnaires, tant s'en faut.

Or, et c'est là encore l'une des observations du gouverneur Rockefeller, il est de plus en plus clair que les pays
en voie de développement qui ont besoin d'argent et ne le
trouvent pas sur les marchés de la finance, ont recours au
« nationalisme » économique, pour nationaliser leurs principales richesses naturelles. N'est-ce pas la façon la plus
directe et la plus normale de se procurer les précieuses
devises ? Le gouvernement de la Bolivie, militaire lui aussi,
vient de faire exactement ce que le Pérou faisait il y a un an :
la nationalisation des compagnies de pétrole, tout comme
n'importe quel gouvernement socialiste le ferait. C'est ce
qu'a fait Cuba, voilà dix ans, s'attirant ainsi de dures
représailles et un boycott qui dure encore.

Mais les temps ont changé et, à Washington, on s'habitue
peu à peu à l'idée que de plus en plus de gouvernements pas
très riches utiliseront dorénavant ce moyen pour augmenter
leurs revenus puisque l'aide extérieure est en définitive
mesquine. Ni le Pérou ni la Bolivie n'ont subi jusqu'à

présent de vraies représailles. On s'est contenté de menaces voilées. Quant à l'aide économique réelle qui devait venir via l'Alliance pour le progrès, je citerai une fois encore Nelson Rockefeller : « On a beaucoup parlé, il y a eu plus de rhétorique que d'action et les promesses n'ont pas été tenues. »

Pour sa part, le Canada accorde maintenant à l'aide étrangère, selon les chiffres de l'an dernier, 312 millions, soit 0,49 p. 100 de son revenu ; cette aide est gouvernementale et privée, et l'intérêt des prêts consentis est de ... [passage illisible]. Nous n'en sommes pas encore aux recommandations Pearson. Des pays riches comme l'Allemagne donnent fort peu ; les pays scandinaves sont plus généreux. C'est la France qui donne le plus par tête d'habitant, mais une grande partie de son aide est surtout culturelle. D'où la nécessité d'uniformiser les normes de l'aide, pour, à la fois, répondre aux vrais besoins et rationnaliser en quelque sorte cette aide financière, qui devrait aller au développement économique et qui se perd souvent en armement, en dons pour de la propagande, etc. Seul un organisme international peut rationnaliser l'aide économique et fixer des règles égales pour tous.

Que l'on se tourne vers les problèmes de sécurité ou vers les problèmes de développement, on voit que l'égoïsme des uns empêche le progrès général. S'il continue d'en être ainsi, ce sera une grande déception pour l'Amérique latine et les autres pays en voie de développement, qui justement se plaignent que souvent l'aide économique est dérisoire en regard des sommes accordées pour l'achat de matériel militaire.

Et nous en revenons à notre premier énoncé, à savoir que, sur notre planète, ce sont encore les marchands de canons qui ont le plus de chances de faire valoir leurs arguments. D'où la nécessité de maintenir, de toutes nos forces, des organismes comme les Nations Unies. Même dépouillée d'une puissance réelle, même paralysée par des conflits d'intérêts au sein des grandes nations, l'Organisation des Nations Unies n'en représente pas moins le seul garde-fou, la seule tentative collective moderne d'éviter des conflits qui pourraient amener une guerre nucléaire.

Ce dont je viens de parler — la guerre et le sous-développement, ces deux fléaux qui sont au cœur des débats des Nations Unies — ne donne peut-être pas une idée complète de notre univers. Il y a place pour la joie et l'espoir à côté de ces préoccupations et les Nations Unies ont été créées pour aider à écarter ces deux menaces, qui empêchent les hommes de vivre dans la paix.

Cette année, j'ai eu l'occasion de voyager dans des pays bien différents les uns des autres par leur civilisation et leur niveau de vie : l'Europe occidentale, la Roumanie et la Yougoslavie à l'Est ; en Amérique latine, au Mexique, à Costa Rica et à Cuba. Tous ces pays ont en commun la recherche du bonheur, d'une plus grande aisance, d'un meilleur développement économique. Certains veulent plus de vacances, plus de loisirs, plus de luxe. D'autres luttent pour le pain quotidien et l'élémentaire subsistance. D'autres, pour plus de libertés.

Les yeux de tous sont tournés avec envie vers les États-Unis et leur opulence. Même si tous condamnent la guerre au Viêt-nam, tous admirent l'exploit d'Appollo 11. Il nous a semblé alors que les États-Unis ont manqué, au cours des vingt dernières années, une belle occasion de prendre le leadership moral du monde. Si leur politique étrangère avait été moins occupée à défendre des intérêts particuliers, si elle avait été vraiment orientée vers l'aide aux pays sous-développés, si enfin elle ne s'était pas embourbée au Viêt-nam, le prestige et l'influence morale de la grande nation nord-américaine auraient donné aux Nations Unies (dont elle est l'un des membres influents) une direction nouvelle et une autorité qui auraient pu être fécondes, pour la paix et la solution des problèmes de développement.

Mais pour qu'à un moment de l'histoire une nation laisse son empreinte civilisatrice, il faut des hommes plus grands que la moyenne. Disons que les États-Unis ont manqué de chefs à vocation internationale. De Truman à Nixon, ils ont peut-être été trop essentiellement américains et ont eu une vision régionale à courte vue. La faiblesse des Nations Unies, à la fin des années soixante, est en partie le résultat de la politique étrangère stérile de la plus grande nation du globe, les États-Unis. Mais quand il s'agit de l'Histoire, personne ni aucune nation n'a jamais dit le dernier mot...

Deuxième partie

REPORTAGES

L'ALGÉRIE, L'AN II DE L'INDÉPENDANCE

Reportage diffusé à l'émission **Champ libre,** *à la télévision de Radio-Canada, le 26 octobre 1963*

Ouverture

IMAGES
VESTIGES
ÉCOLE

Colonie romaine, turque ou française vingt fois envahie, vingt fois dévastée, c'est l'histoire ancienne et nouvelle de cette terre méditerranéenne, l'Algérie. À l'aube d'un nouveau départ, le pays retrouve la confiance et l'élan d'une jeune nation.

IMAGES
FOULE
PLACE
DU MARCHÉ

Dans l'Algérie revenue à la paix, seule la voix du conteur sur la place du marché éveille le souvenir de la guerre et l'époque du colonialisme. Les combattants du FLN entrent maintenant dans la légende, tout comme les guerriers de Troie ou de Lacédémone, jadis, par la vertu d'un barde aveugle nommé Homère. Soustelle, de Gaulle, les paras remplacent, dans les nouveaux contes arabes, les califes et le voleur de Bagdad. La domination française durait depuis cent trente ans, dit le conteur, et la résistance de l'émir Abd el-Kader était presque oubliée lorsque les massacres de Sétif vinrent rallumer l'esprit d'indépendance. Les gorges de Kerrata gardent encore le souvenir de ces 20 000 morts qui, en 1945, sont à l'origine de la rébellion.

IMAGES
ROUTE

La répression policière, à la suite d'une échauffourée qui avait fait à Sétif une dizaine de morts, avait été trop violente ; la population musulmane se réveille, prend conscience de sa sujétion. Le 1er novembre 1954, dix actes de terrorisme à travers les Aurès et la Kabylie sonnent la déclaration de guerre au régime colonial.

1956, bataille des Aurès. Deux cent mille hommes du contingent, appuyés par des avions et de l'artillerie lourde, ne peuvent venir à bout de quelques centaines de guérilleros qui tiennent la montagne.

IMAGES
« FLASH-BACKS »

1957, Massu et ses paras entrent en action. C'est la bataille d'Alger. Les femmes et les enfants participent à la lutte. Juin 1958, de Gaulle est porté au pouvoir. Il parle du droit des peuples à l'autodétermination. 1960, journée des barricades. Ortis et Lagaillarde mènent le peuple d'Alger à l'assaut du palais du gouvernement. Le contingent reste fidèle à de Gaulle... La mutinerie est mâtée. 1961, le putsch des généraux met la France au bord de la guerre civile. L'électorat français accorde son appui total à de Gaulle et les pleins pouvoirs pour terminer la guerre d'Algérie. 19 mars 1962, les Accords d'Évian sont signés entre le GPRA, le gouvernement provisoire de la République algérienne, et le gouvernement français. 1er juillet 1962, l'Algérie fête le premier jour de son indépendance. La paix revenue, l'indépendance acquise, l'OAS muselée, il reste à la nouvelle Algérie à compter ses pertes : 1 million et demi de morts ; 800 000 Européens s'en vont qui formaient la classe aisée, les cadres, l'administration, le corps médical, les colons. Les caisses de l'État sont vides, les banques à sec. Les pertes sont incalculables... Mais il faut panser les blessures, effacer les traces de brutalité.

Le cauchemar est fini, enterrons nos morts et, pour vivre, oublions...

IMAGES
ALGÉRIENS SE
RECUEILLANT SUR
LES TOMBES DE
LEURS PARENTS

BOUALEM MAKOUF (journaliste algérien) : «... L'oubli, ou bien la haine, par rapport à qui ? Par rapport aux Européens qui ont été ici, qui ont représenté pour nous le visage de la guerre ; particulièrement dans sa dernière phase, l'OAS. Je crois que quand on a vu... par exemple, quand on a vu un gardien de prison, dans une cour où se trouvent 450 hommes au garde-à-vous, faire sortir un Algérien, le gifler devant tout le monde, l'humilier... je ne pense pas qu'on puisse à son tour faire des choses pareilles... quand on a senti sur soi-même jusqu'où peut aller l'humiliation, la lâcheté... Je ne crois pas qu'on puisse être en mesure de recommencer. On se rappelle très bien, de temps en temps, en revoyant des scènes... mais ce qu'il y a... c'est que nous sommes tournés vers la vie, on a envie de vivre. »

IMAGES
VUE GÉNÉRALE DE
LA VILLE D'ALGER

IMAGES
MURS ET GRAFFITI

Malgré la volonté d'oubli, les murs portent encore les stigmates de la haine... OAS contre FLN... Salan contre de Gaulle...
Graffiti, étendards d'une époque révolue, il faut vous effacer et blanchir nos mémoires.

D'un coup de badigeon, Alger se refait un visage de paix. Un nouveau fond de teint et elle reprendra le titre d'Alger la Blanche. De jeunes héros morts dans le djebel prennent la place des gloires du xixᵉ siècle français. Les pages de la nouvelle histoire s'écrivent d'abord dans la rue. Et les écoliers apprendront bien vite à remplacer le général Bugeaud par Frantz Fanon.

IMAGES VILLE

IMAGES FOULE

À l'actif de l'administration coloniale, il faut mettre une infrastructure moderne : réseau routier, installations portuaires... et les riches vignobles de la Mitidja et de l'Oranais qui fournissent des milliers de barriques de vin exportés vers la France. Vins corsés qui servent au coupage des vins français, plus légers. Mais surtout, l'Algérie peut compter sur 8 millions d'hommes et de femmes qui ont souffert avec patience durant des années. Le peuple d'Algérie forme-t-il une force cohérente, une nation ? Dans quelle mesure est-il prêt à collaborer avec le nouvel État ? Un jeune journaliste d'Alger, militant de la première heure, six ans de détention, Boualem Makouf, essaye de définir pour nous l'Algérie de 1963.

BOUALEM MAKOUF :

« Essayer de définir le visage d'un Algérien, c'est assez difficile ! Ça existe, la
nation algérienne. Ça doit exister, il n'y a
pas de problème. Pour y arriver, alors ça
été la route des dirigeants du 1er novembre — d'abord trouver le chemin pour y
arriver, pour donner cette consistance,
c'est la lutte armée. Et ces sept ans et
demi de guerre ont fini par lui donner
cette consistance. »

**IMAGES
VILLE, FOULE**

Voir vivre l'Algérie pour essayer de la
comprendre, c'est d'abord errer dans les
ruelles tortueuses de la Casbah, qui fut
longtemps le quartier « indigène »
d'Alger, une sorte de ghetto où les
Européens hésitaient à s'aventurer seuls,
où les terroristes pouvaient dépister tous
les réseaux policiers. La Casbah est devenue un quartier populeux, d'un calme
absolu. Plus de mystère, plus de pour-
suites rocambolesques de maisons en
terrasses, l'ombre d'Ali-la-Pointe a disparu à jamais. On y vit comme dans
toutes les villes d'Algérie, populeuses et
pauvres à la fois, le moins mal possible,
entassés les uns sur les autres, au milieu
de très nombreux enfants et sans rien de
ce que nous appelons le confort.

**IMAGES
COUR INTÉRIEURE
D'UNE MAISON**

Voir vivre l'Algérie, c'est aussi, après de
nombreux détours dans un quartier arabe
d'une ville de province, à Mostaganem

**IMAGES
MAISON ARABE**

par exemple, pénétrer à l'intérieur de l'une de ces maisons si bien fermées de murs qu'elles ne livrent rien d'elles-mêmes ni de ses habitants, à moins que vous n'y soyez invité. Un frais patio intérieur où coulent l'ombre et la lumière... autour duquel s'organise la vie quotidienne, des petits-enfants aux grands-parents. La maison arabe est une maison de femmes. Femmes murées, voilées, mystérieuses... Le haïk, jusqu'à présent, symbolisait la pudeur, la vie close et secrète, l'essence précieuse. Il est maintenant remis en question par la jeune génération. Des débats passionnés alimentent quotidiennement le courrier des lecteurs dans les journaux. On y discute du voile, entre générations différentes, de l'affranchissement des femmes qui ne peuvent sortir seules ni aller au cinéma ou au restaurant. Les femmes les plus optimistes pensent qu'il faudra encore une génération pour qu'elles aient droit socialement à une certaine indépendance. Légalement, elles ont à peu près les mêmes droits que la Canadienne ou la Française. Peu de jeunes filles cependant se hasardent à travailler hors de chez elles, tant est grande l'influence du milieu et des traditions.

IMAGES
REPAS

L'homme est le maître absolu de la famille. C'est un rôle qu'il assume très jeune auprès de sa mère et de ses sœurs. Généralement, les hommes mangent entre eux. Mais la famille Khelil est libérale et moderne ; Djemila prend son repas avec son frère. Cependant, Djemila, qui aime la danse, ne peut twister qu'avec d'autres jeunes filles. Dans une famille algérienne, les réunions entre jeunes gens de sexes différents sont hors de question.

IMAGES
MUEZZIN

Même européanisé, Madjid reste profondément musulman. Ainsi, le vendredi, qui est un jour saint, il va à la mosquée comme tous ses coreligionnaires. Les hommes du quartier se rassemblent à la mosquée, appelés à la prière par le muezzin.

IMAGES
MOSQUÉE

Avant de prier, le musulman procède aux ablutions dans les bassins de la mosquée. Religion née au désert, l'eau est élevée au rang de purificatrice.

Ce sont les œuvres et la prière qui forment l'essentiel de la doctrine musulmane. Le pèlerinage à la Mecque, le jeûne du Ramadan et les ablutions viennent ensuite. Dans le Coran, le prophète Mahomet a réuni tous les préceptes qui réglementent la vie religieuse et civile islamique. Ainsi, en Algérie, la vente de l'alcool est interdite aux musulmans, comme le prescrit le Coran.

Entre le croyant et Dieu, point d'inter-
cesseurs ni d'intermédiaires ; l'homme,
dans le dépouillement de la mosquée, est
seul devant son seigneur.

**IMAGES
ÉCOLE**

Les enfants vont à la mosquée pour
apprendre les versets du Coran, comme
les petits chrétiens répètent leur caté-
chisme, en pensant un peu à autre
chose.... Les anciennes écoles cora-
niques, les Medersas (les plus impor-
tantes étaient à Tlemcen) où les Oulamas
s'appliquaient à rendre aux jeunes Algériens la conscience de leur appartenance
nationale, religieuse et culturelle, ont
disparu comme telles, intégrées au système unique. L'enseignement est devenu
laïque, ouvert sur les exigences du
monde moderne.
La France avait créé un réseau d'écoles
de qualité. Cependant, tous les musulmans n'y avaient pas accès. Un grand
nombre de garçons et surtout de filles
restaient illettrés.
L'un des efforts du gouvernement actuel
a été de rouvrir les écoles et d'y ajouter,
quand c'est possible, l'enseignement de
l'arabe à côté de celui du français.
Le grand problème reste celui du
personnel enseignant : 1300 instituteurs
sont algériens contre 18 000 Européens
prêtés par la France selon les termes des
Accords d'Évian.

**IMAGES
ÉCOLE**

Pour alphabétiser la population, on a multiplié les cours du soir pour adultes, organisé des stages de perfectionnement pour les moniteurs. En quelques mois, on a institué une réforme de l'enseignement qui touche à la matière pédagogique, aux manuels et aux méthodes. L'accent est mis sur la formation professionnelle. L'enseignement privé est supprimé — les écoles catholiques sont demeurées, intégrées au système unique. Il va sans dire que l'enseignement est gratuit et tous les étudiants boursiers, sans exception. Au nouveau cours de morale est venue s'ajouter une vertu : le civisme. « L'individu ne saurait être moral s'il n'est en même temps un bon citoyen », dit en substance le premier verset du nouveau credo algérien.

**IMAGES
FOULE**

En Algérie, où manquent l'argent, la machinerie et les techniciens, c'est par la ferveur des petites gens que l'on entend accomplir le redressement financier du pays. C'est ainsi que, pour remplir les caisses vides de l'État, le président Ben Bella a lancé le Fonds de solidarité nationale où chacun est invité à verser volontairement sa quote-part : bijoux, argent, titres... tout est accepté. En quelques jours, des milliers de pauvres gens, ouvriers, dockers, femmes de ménage, chômeurs, porte-faix, affluaient aux gui-

**IMAGES
MARCHÉ**

chets. À travers toute l'Algérie, ce fut en mai et juin derniers un grand mouvement de solidarité, une façon de se retrouver ensemble dans la construction du pays, tout comme hier pendant la guerre de libération.

IMAGES
MARCHÉ

Bracelets ciselés, alliances, billets graisseux... c'est de tout cœur que le peuple algérien donne ce qu'il a au pays qu'il entend construire lui-même.

En même temps, un autre appel est lancé par la voix des journaux et de la radio. On demande des travailleurs volontaires pour reboiser la forêt de Baïnem brûlée il y a sept ans.

IMAGES
FOULE

Par un beau dimanche, des autobus amènent sur les hauteurs d'Alger 2000 hommes, femmes et enfants venus donner un coup de pioche pour débroussailler le terrain et replanter la forêt. L'enthousiasme est à son comble ; des ingénieurs forestiers dirigent les travaux qui vont bon train depuis 8 heures du matin. À midi, les grandes buttes broussailleuses ont été nettoyées à la main, sans l'aide d'un seul tracteur. Plus tard, on y plantera des eucalyptus et des pins d'Alep.

IMAGES
DANSE
DES FEMMES

Les you-you des femmes, ces cris gutturaux et stridents des Algériennes voilées qui, au temps de la révolution, stimulaient les hommes comme un chant de guerre, sont devenus un chant de travail. Dans quatre ans, il y aura ici un embryon de forêt.

L'ancien domaine de la Trappe, qui appartenait à un colon nommé Borgeaud, a été nationalisé et rebaptisé la ferme Bouchaoui. Il s'agit du plus grand domaine d'Algérie. Des vignes couvrent 3 000 hectares et s'étendent autour d'un ancien monastère transformé en celliers. Cinq cents ouvriers agricoles y travaillent.

Le domaine ex-Borgeaud n'est que l'une des 12 000 fermes classées « biens vacants », d'une superficie totale 1 500 000 hectares, transformées en fermes collectives par le gouvernement actuel.

Au congrès de la Souman en 1956, les chefs de la révolution ont essayé de fixer leurs objectifs politiques ; comment, après la libération, ils mèneraient la révolution sociale. Ils établirent alors la priorité de la réforme agraire. L'Algérie est un pays agricole et la majorité de la population est paysanne. Elle vit de céréales et d'élevage. C'est d'elle que l'on s'est occupé tout d'abord. En apparence, tout continue comme avant et chacun fait, au même salaire, le travail qu'il accomplissait du temps des colons. Qu'y a-t-il donc de changé pour un paysan algérien ? Au domaine ex-la Trappe, nous avons suivi Mecheri qui ce matin-là conduisait son tracteur vers un chantier.

MECHERI (jeune paysan) :
« Moi, j'ai né ici moi, au domaine La Trappe Borgeaud. J'ai commencé le travail en 1939. C'est-à-dire j'ai pas été à l'école. Pourquoi ? Parce que mon père — le pauvre vieux il est encore vivant — lui il gagnait sept francs par jour, et moi, j'étais jeune... j'étais comme vous voyez mon fils maintenant, je peux le rentrer à l'école (même si je mange de la terre) parce que moi je ne sais pas lire ni écrire, j'ai pas été à l'école. J'ai commencé à l'âge de huit ans le travail. J'ai commencé avec cinq francs par jour. »

**IMAGES
DÉMOLITION
D'UNE MAISON**

À ce prix-là, bien sûr, les ouvriers habitaient des huttes de roseau, appelées « gourbis », et ils vivaient dans des conditions misérables, sans égouts, dénués de toute hygiène.

Mais aujourd'hui c'est fête ; en troupe on va joyeusement démolir les derniers gourbis, symboles de l'humiliation. Chacun veut prêter la main à cette démolition ; les cloisons tombent comme un château de cartes, mais il y a des matériaux précieux qu'il ne faut pas gaspiller et ces tuiles peuvent resservir.

MECHERI :

« Presque tout le monde qui était là-bas ils étaient dans les gourbis. Il n'y a plus de gourbis, c'est fini, c'est fini... Vous ne trouverez pas un type qui habite un gourbi. »

**IMAGES
CUISINE**

Les paysans ont droit maintenant aux maisons en dur laissées vacantes par les Européens. Mecheri est heureux. C'est à son tour d'emménager avec femme et enfants.

MECHERI :

« Je me suis marié ici. Ma femme elle est ici aussi du domaine. On se connaît, elle est d'ici... Je la connais, et maintenant on a cinq gosses, et j'espère qu'à partir de maintenant qu'on va y être heureux, quoi ! »

**IMAGES
REPAS**

Autre sujet de satisfaction pour Mecheri : le président Ben Bella en personne est venu assister à l'installation du premier comité de gestion élu par les ouvriers et chargé d'administrer le domaine.

MECHERI :

**IMAGES
ASSEMBLÉE
POLITIQUE**

« Il est venu le président de la République, Ben Bella, il est venu le soir même. Nous, quand on est passés, c'est-à-dire quand on a gagné aux élections, on est passés un par un, il nous a embrassés, et quand on appelle un type avec le nom, alors il monte, il touche la main, il l'embrasse, il dit bon courage et tout ça, enfin, je croyais pas, c'est-à-dire que j'étais pas sûr de moi si c'était vrai que je l'ai embrassé, voyez-vous, parce qu'on me disait : Ben Bella, comment qu'il est ce type-là ? — On ne sait pas... Alors, le jour où je l'ai embrassé, je ne croyais pas si c'était vrai que je l'embrassais ou je rêvais ou je ne sais pas ce que c'est. Et puis, il y avait... comment qu'il s'appelait... celui qui s'occupe de la terre... ah, Ahmar Ouzegane, oui ! Ben Bella, il nous a dit, voilà : Moi je vous ai donné ça, et vous, si vous commandez, si vous gagnez pour vous, si vous perdez pour vous. Maintenant, tout le peuple, toute la nation c'est-à-dire, y regardent le premier essai qu'on a fait ici à la Trappe Bouchaouiama. Eh ben, nous, on espère que ça va marcher, ça marche très bien... »

**IMAGES
ASSEMBLÉE
POLITIQUE**

Les 33 membres du conseil des travailleurs élus par leurs compagnons se réunissent et choisissent leur comité de gestion. À ces hommes quasiment illettrés et qui depuis leur enfance recevaient des ordres, il appartient maintenant de prendre des initiatives et d'administrer le plus grand domaine du pays. Des fonctionnaires du ministère de l'Agriculture leur expliquent leur futur rôle et leurs fonctions. Tantôt en français, tantôt en arabe, ils apprennent l'usage de la démocratie...

Du succès des comités de gestion dépend l'avenir du pays, leur a dit Ben Bella. L'outil économique d'un pays en pleine révolution sociale, c'est le secteur de l'État et c'est à partir des entreprises gérées par les travailleurs que ce secteur peut se consolider et se développer. Néanmoins, pour faire fonctionner un domaine ou un pays, l'enthousiasme ne suffit pas ; il faut une solide organisation. Faire vivre une véritable démocratie, c'est faire en sorte que chacun se sente concerné. L'une des clés de l'avenir de l'Algérie est entre les mains de ces comités de gestion formés de paysans attentifs et graves et qui maintenant se sentent concernés.

MECHERI :

« On est restés, on a mis une sélection entre nous, c'est-à-dire, on sort par un... c'est-à-dire, un y va se cacher, alors les autres y disent qui c'est qui vote pour celui-là ? Alors on voit, on lève les mains... et puis, y en a qui lèvent... y en a qui lèvent pas... On a choisi les neuf — les neuf membres du comité de gestion. Donc, sur les neuf, il y a une femme. Et après nous, les neuf-là, on a mis une sélection, on va mettre un président. On a choisi un président. On est content de lui maintenant, parce que, lui, il est capable, et puis il va partout, il dort pas la nuit. Peut-être il dort une heure, deux heures, la nuit... Ce président il s'appelle Djilali, enfin, son nom je le sais... »

IMAGES
CHAMP

MECHERI :

« On fait neuf heures par jour. On se lève, le soleil est déjà haut. C'est bien cela, mon vieux, parce qu'avant, moi j'ai travaillé avant — déjà ça fait près de vingt-quatre ans que je travaille ici, si c'est pas plus... Eh ben, je me lève le matin à 4 heures, il fait noir... De 4 heures à 7 heures le soir, on ne rentre pas. On travaille... travaille... Je ne sais pas si on travaille quinze heures par jour ou seize heures. La plupart, tout le monde y savent comment qu'on fait... qu'on travaille, qu'on est socialistes... et puis à la fin de l'année, tout le monde y touche les bénéfices et tout ça... même les gosses, même les femmes y savent — tout le monde savent... Ah ! heureux, je peux pas vous dire comment je suis heureux... Je comprends que je suis heureux, je suis très heureux... »

IMAGES
CHAMP

L'ouest de l'Algérie, Oranais et Mitidja où les colons européens s'étaient installés par droit de conquête, refoulant vers la montagne les populations locales. La

**IMAGES
MONTAGNES**

**IMAGES
VILLAGE**

richesse de la terre fait plaisir à voir ;
primeurs, vignobles, céréales s'étendent
à perte de vue. Terres fertiles suffisamment arrosées, bien entretenues... Dès
que nous passons Tizi Ouzou et les
gorges de Palestro à l'est, nous entrons
dans un autre pays, celui de l'aridité et de
la misère.

Dans les montagnes surpeuplées de
Kabylie, les villages se suivent en cha-
pelets compacts le long des cimes ; tradition berbère perpétuée jusqu'à nos
jours : les villages en hauteur échap-
paient mieux aux envahisseurs. Sur ces
pentes souvent abruptes poussent des
arbres fruitiers tels que figuiers, cerisiers
et oliviers. L'élevage de la chèvre et du
mouton fournit aux Kabyles leur prin-
cipale richesse.

Le Djudjura barre le paysage et les populations de montagne triment dur sous le
fardeau de la misère pour arracher à la
terre une maigre pitance. Plus libres que
leurs sœurs arabes, les femmes kabyles
ne sont pas voilées et elles prennent part
aux lourds travaux des champs — ces
champs étiques que l'érosion a le plus
souvent rendus inaptes à toute culture.

Ces villages de pierres abritent une abon-
dante population d'enfants, de femmes,
de vieillards. La plupart des hommes
valides sont partis travailler soit dans les
villes d'Algérie, soit en France. De là, ils

envoient chaque mois un mandat qui permet à leur famille de survivre. Les travailleurs kabyles sont réputés intelligents et sobres. Ils acceptent, pour nourrir leur famille, de mener une vie de spartiate... Ils acceptent les tâches que refusent les ouvriers européens.

Le pays a été lourdement éprouvé par la guerre : 120 000 maisons endommagées, dont 82 000 totalement détruites.

**IMAGES
VUE GÉNÉRALE
DE LA VILLE**

À Souk et à Jemma, toutes les maisons ont été rasées. Cependant, on y a conservé l'habitude de venir y tenir un marché deux fois par semaine. On y échange un peu de sa récolte de pois chiches, de piments verts, contre un kilo de mouton, une vache contre un âne. Le kilo de viande (2 livres) coûte le prix d'une journée de travail, soit 1,25 $

Mais qui parmi ces hommes peut se vanter de travailler quelques jours par mois ? Certains chôment depuis des années... Ils appartiennent à la population de l'Algérie tragique dont la capitale, sur son éperon rocheux, s'appelle Constantine.

**IMAGES
VILLE**

Constantine, à l'est du pays, entre la petite Kabylie et les Aurès, est la ville des abîmes. Le Rhumel coule entre des entailles de rochers, tantôt torrent, tantôt oued presque à sec. Plusieurs ponts suspendus enjambent le Rhumel, passerelles d'acier qui oscillent par grand vent... Il n'est pas rare que des malheureuses se donnent la mort en plongeant dans l'abîme. Autrefois, du temps des Turcs, les condamnés, enfermés dans des sacs, étaient aussi jetés dans le ravin du haut des falaises qui atteignent 350 pieds. Les femmes de Constantine portent éternellement le deuil, semble-t-il. Leurs lourdes chapes sont noires comme la misère qui enserre la ville. Au-dessus du masque blanc qui leur cache la moitié du visage, les yeux des femmes de Constantine semblent plus grands, plus tristes, comme s'ils vous fixaient du fond d'une tombe. Le marché est installé le long d'une ruelle qui grimpe vers la ville haute. Des sacs de céréales, orge, mil, voisinent avec des tas de croûtons de pain dur. Ici, on achète des croûtons de pain rassi pour échapper à la faim. À Constantine, on touche l'une des plaies de l'Algérie : le chômage. Quatre-vingts pour cent des Constantinois sont des chômeurs sans espoir et sans allocations.

La population de Constantine s'est grossie pendant la guerre des habitants des Aurès. Chassés de leurs villages détruits, ils sont venus augmenter le flot des chômeurs de ce pays sans industries. Les nouveaux venus se sont logés tant bien que mal sur des terrains vagues qui sont devenus d'immenses bidonvilles. Les jeux des enfants, la cuisine, la lessive, tout se passe à ras de terre au milieu des détritus et des rats. Bidonvilles de Constantine, l'une des plaies de l'Algérie que le nouvel État devra essayer de cicatriser.

Le général de Gaulle, qui avait conscience de cette misère, avait lancé en 1959 l'idée du plan de Constantine. Une série de travaux entrepris à même le budget de la guerre devait ouvrir éventuellement 5000 emplois. De fait, on a construit à Constantine une vingtaine de grands immeubles d'habitations qui ont permis à quelques centaines de familles de se reloger. Mais ils sont loin de suffire aux besoins d'une population à la limite du désespoir.
C'est ici que se sont produites à plusieurs reprises des manifestations de chômeurs et de mécontents. Des milliers de désespérés ont demandé au gouvernement du travail et du pain. À Constantine, depuis la libération, le sang a coulé. Mais la misère ne finit pas ici.

IMAGES ROUTE

La route du sud débouche dans les Aurès — dans ces replis de montagnes quasi désertiques qu'habitent depuis des temps immémoriaux des barbares semi-nomades. Ni les Romains ni les Turcs n'ont pu les déloger de leurs citadelles

IMAGES
MONTAGNES

pierreuses. Pendant les événements, ils tinrent le principal maquis, le plus inexpugnable.

Le pays est d'une beauté sauvage, étrange. Des canyons de granit rougeâtre qui flamboient au couchant, des villages accrochés à la paroi verticale comme des alvéoles de pierre. Le long de l'oued, en contrebas, un ruban de verdure, une palmeraie étroite où l'on récolte des dattes et un peu de blé. Tandis qu'André Gide, en esthète, chantait les beautés formelles des Aurès et y attirait les touristes amateurs de couchers de soleil, Albert Camus en dénonçait la misère. « Comprend-on, écrivait-il, que dans ce pays où le ciel et la terre invitent au bonheur, des millions d'hommes souffrent de la faim ? »

À Rhoufi, les falaises aux stratifications horizontales dissimulent mal une agglomération qui semble avoir poussé dans la pierre. Comment vit-on sur cette terre caillouteuse et sèche ? La porte d'une maison de Rhoufi s'ouvre sur une explication peut-être...

IMAGES
FILEUSE

Ses traditions artisanales, tissage, argent ciselé, poterie, aident la communauté à vivre. Cette fileuse, avec du poil de chèvre, va tisser — pendant de longs jours — une couverture aux somptueuses couleurs qu'elle vendra au marché à un prix dérisoire.

IMAGES
PERSONNES

BOUALEM MAKOUF (jeune journaliste) :
« La chance de l'Algérie et ce qui a été
sa malchance. Et la malchance de ces
gens-là, c'est que les problèmes en
Algérie sont tellement cruciaux, tellement importants, que seules des solutions
radicales apporteront des résultats. Il n'y
a pas de solutions à mi-chemin en Algérie. Il faut donner du travail à des millions d'Algériens. Il faut donner des
classes et des écoles à des millions
d'Algériens. À ceux qui lui ont dit :
"Lorsque la révolution sera victorieuse,
tout le monde pourra aller à l'école ", ce
jeune Algérien viendra dans dix ans
demander des comptes. Alors, cette situation d'Algérie, qui veut qu'il n'y ait pas
de demi-solutions, fait qu'il y aura peu
de chances pour qu'une bourgeoisie pros-
père s'empare de l'Algérie. »

IMAGES
DÉSERT

À l'ouest, en Algérie fertile, des solutions ont été trouvées : la réforme agraire,
les comités de gestion. Mais ici, quelle
sera la solution à la faim ?
Elle se trouve peut-être sous ces dunes de
sable. Le pétrole et le gaz qui ont jailli à
Hassi Messaoud et à Hassi R'Mel garan-
tissent l'aide de la France actuellement.
Le Sahara recèle des trésors encore
inexplorés. Le tourisme aussi peut devenir une source de revenus. Biskra, l'oasis
aux cent mille dattiers, est une station

climatique d'hiver. Bou-Saada, porte du désert, moitié village, moitié oasis, est aimée et regrettée des voyageurs. De bons hôtels y ont été aménagés jadis qui sont toujours ouverts et attendent la clientèle, au milieu des jardins de roses. La promenade au désert à dos de chameau fait partie des plaisirs exotiques que recherchent les touristes blasés.

IMAGES CÉRÉMONIAL DU REPAS

La rencontre d'une famille de nomades, qui vous fait goûter à l'hospitalité proverbiale des nomades du désert, est une autre découverte de prix. Les femmes s'affairent et font le gâteau de dattes et de miel qu'il vous faudra manger en signe d'amitié, accompagné de lait sur... du lait de chamelle évidemment. Les nomades vivent entièrement de leurs chameaux. Bêtes de trait ou bêtes de boucherie, ils permettent à l'homme du sud de survivre. D'ailleurs, au désert, manger à sa faim, boire à satiété, ne sont pas des actes indifférents. Le cérémonial du repas a sa pleine signification religieuse, note le Kabyle Jean Amrouche.

IMAGES DÉSERT

Profond détachement, souveraine noblesse de l'homme du désert... l'une des plus belles statures qui se puisse concevoir. Mais d'Alger à Tamanrasset, l'homme qui tient entre ses mains le sort de huit millions d'Algériens s'appelle Ben Bella. Qui est-il ?

IMAGES
FOULE

IMAGES
ASSEMBLÉE
POLITIQUE

IMAGES
ORPHELINAT

BOUALEM MAKOUF (jeune journaliste) : « Le nom de Ben Bella... Je crois que le premier sens c'est l'unité. Il est acclamé aussi bien dans l'Oranie que dans le Constantinois, à Alger ou bien à Tamanrasset. À travers le nom de Ben Bella, les gens communiquent, les gens sentent qu'ils sont un. Mais je voudrais vous dire une chose. Lorsque vous voyez les gens crier " Tashia Ben Bella ", ne commettez pas l'erreur d'appréciation de penser que les Algériens sont à genoux devant un homme. Je crois que s'il y a un peuple qui a le sens de la démocratie — un peuple pour qui le culte de la personnalité a été résolu bien avant qu'il ne s'oppose à l'opinion mondiale par les armes —, c'est le peuple algérien qui, dans la lutte même, a senti qu'il existait, du plus petit militant jusqu'au responsable. Quand on criait " Tashia Ben Bella ", c'est au-delà de Ben Bella, bien loin, c'est l'Algérie. »

C'est Ben Bella qui a fondé, au lendemain des événements, des centres d'accueil pour orphelins, pour les enfants des chouhadas, c'est-à-dire des martyrs. En visitant l'un deux, l'ancien château Holden à Douéra, nous avons rencontré deux jeunes pensionnaires, Belsalem Abdelkrim et Bouali Abdelkrim.

BELSALEM :

« On travaille pour notre pays, mon frère Ben Bella nous a portés ici pour travailler pour notre pays, pour on devienne riches, pour tous on va sortir des hommes. »

BOUALI :

« Le matin, on fait la toilette, après on va faire les sports, après on va faire la classe, on fait l'histoire de l'Algérie. »

IMAGES
ÉCOLE

LE PROFESSEUR :

« Bouel, lève-toi. L'Algérie est limitée par deux frontières. Quelles sont ces frontières ? »

BOUALI :

« À l'ouest, la frontière marocaine, à l'est la frontière tunisienne, au sud il y a le Sahara. »

LE PROFESSEUR :

« Bien, parle-moi du relief de l'Algérie. »

BOUALI :

« L'Atlas... tellien..., l'Atlas saharien, le Hoggar, le Djurdjura et l'Aurès. »

LE PROFESSEUR :

« Bien, assieds-toi. Belsalem, quelle est la capitale de l'Algérie ? »

BELSALEM :

« Alger. »

LE PROFESSEUR :

« Quelles sont les grandes villes que tu connais ? »

BELSALEM :

« Oran, Constantine, Bône, Bougie, Sétif. »

LE PROFESSEUR :

« Bien. De quoi est composée la population algérienne ? »

BELSALEM :

« Les Arabes, les Berbères, les Kabyles, les Mozabites. »

LE PROFESSEUR :

« C'est bien, assieds-toi. »

BOUALI :

« La classe dure de 8 h jusqu'à 11 h 30. (Belsalem : « Non, jusqu'à 11 h 45. ») Après le premier service va rentrer, le déjeuner vers midi. »

JUDITH JASMIN :

« C'est bon ce que vous mangez ? »

BOUALI :

« Oui, bien sûr. »

JUDITH JASMIN :

« Quoi donc ? »

BELSALEM :

« Des haricots, quelquefois des tomates, des sardines, du pain, des salades. »

JUDITH JASMIN :

« Couscous ? »

BELSALEM :

« Oui, avec des pois chiches et de la viande. »

BOUALI :

« Hier, ils nous ont fait du bifteck avec des pommes de terre. »

BELSALEM :
« Le jeudi au matin, on va au stade, on joue le football... première après deuxième équipe, troisième équipe, les moniteurs. »

**IMAGES
ENFANTS
JOUANT
AU BALLON**

L'Algérie est un pays jeune. Quarante-cinq pour cent de la population a moins de vingt ans. Ces orphelins pour la plupart étaient à la rue, obligés de mendier ou de cirer les chaussures. L'opération « Petits cireurs » est l'une des fiertés de l'Algérie nouvelle. Les enfants mènent ici une vie normale, plus luxueuse même que la moyenne des enfants algériens. Il est vrai qu'ils ont connu le pire aspect de la guerre : les camps, la solitude dans la rue ; ils ont vu des hommes tuer d'autres hommes, certains ont vu leurs parents tués sous leurs yeux. Si l'État essaie de les choyer un peu, c'est que pour eux le cauchemar sera plus long à s'effacer.

**IMAGES
ÉCOLE**

BOUALI :
« Moi, j'ai vu un OAS qui a tué un homme. C'était l'OAS, les assassins. »
BELSALEM :
« Il y a des petits enfants aussi qui sont morts. »
BOUALI :
« On a pas peur de l'armée française, on a pas peur de l'OAS. Avant il était l'OAS, il jette des grenades. »

BELSALEM :
« Les pauvres hommes vieux, y peut pas courir, ils tombent. Après l'OAS frappe... Brrrr. »
BOUALI : « Moi, si je fais bien mes leçons, je remplace Ben Bella. »
BELSALEM : « Moi, je veux remplacer le frère Khemisti qui est mort le 5 avril 1963. Oui, je veux le remplacer, oui, je deviendrai un homme. »
BOUALI : « Les hommes de demain... on deviendra les hommes de demain. »

**IMAGES
ÉCOLE**

Les hommes de demain et ceux d'aujourd'hui ont une foi, une passion commune : l'Algérie. Ce sentiment est-il assez fort pour soulever les montagnes ? Pourquoi pas ? En tout cas, ce ne sera pas le premier miracle de l'amour.

**« FLASH-BACKS »
IMAGES DU
REPORTAGE**

BOUALEM MAKOUF (jeune journaliste) : « Quand pendant soixante-quatorze ans on a lutté pour donner naissance à quelque chose... On nous a tellement dit que l'Algérie sera un jeune enfant... un jeune enfant, tout le monde sait, du petit Algérien jusqu'au plus grand, jusqu'au paysan... qu'il faut nourrir, qu'il faut renforcer, fortifier cet enfant pour qu'il devienne grand et fort. Alors je crois que, pendant très longtemps, nous vivons encore sur cet acquis de la révolution, sur cette dynamique qu'a déclenchée la guerre de libération nationale. Pendant longtemps, on vivra encore sur cela. Le problème qui se pose à notre génération, à beaucoup d'Algériens, peut-être pas à tous, ça serait exagéré... mais à beaucoup de jeunes Algériens, c'est de pouvoir se donner totalement à l'Algérie qu'on a appris à aimer... se donner comme un homme se donne à une femme... totalement. Qu'on ne commette pas le crime de nous empêcher de nous donner, d'aimer, parce que quelquefois, il y a des femmes qui ne se laissent pas aimer... Qu'on nous laisse aimer, qu'on nous laisse ce droit d'aimer l'Algérie. Je crois que le dirigeant qui aura perçu cela... Et quand on aime, on aime jusqu'au bout... jusqu'à l'extrême limite... Il n'y a pas de retombées dans la ferveur. »

L'AMÉRIQUE NOIRE, OU L'AUTRE JOUE

Reportage diffusé à l'émission **Champ libre,**
à la télévision de Radio-Canada, le 2 novembre 1963

AMORCE... SCÈNE AU RESTAURANT
CHAMP LIBRE... TITRES
WASHINGTON... FOULE

Pour conquérir le droit à la dignité et à la liberté, ils ont choisi la non-violence. Humiliation, ségrégation, telle est la condition humaine de 20 millions de Noirs américains. Dans un monde saturé de violence, ils sont les seuls — après Gandhi — à tendre l'autre joue.

SOUS-TITRE: L'AUTRE JOUE

Le 20 août dernier, à Washington, 200 000 Noirs américains se préparent à défiler devant le monument de Lincoln, le père des libertés civiles américaines, celui qui, en abolissant l'esclavage, a donné à tous liberté et égalité.

Campant au milieu des pelouses washingtoniennes, la plus grande armée de pacifistes a pris une allure de kermesse. Pas une expression, ni un cri, ni un geste de haine ou de colère de la part de ceux-là qui sont chez eux des citoyens de deuxième classe. À cette armée noire, 10 000 Blancs se sont mêlés, garants d'une évidente bonne volonté de la part d'une partie de la population blanche. Ils présagent peut-être la victoire finale, victoire du bon sens sur la folie, de la santé sur la maladie.

(Pause)

Il serait faux de croire que les Noirs acceptent leur situation passivement. En fait, ils mènent la lutte juridique depuis longtemps avec patience. Le rassemblement de Washington, qui est l'une des phases de cette bataille, a été soigneusement organisé par l'état-major de cette armée sans armes à feu. Il y a cinquante ans déjà se créait la plus vieille association antiségrégationniste, la NAACP ou association nationale pour l'avancement des gens de couleur. C'est sur le plan de la légalité qu'elle lutte avec un bataillon d'avocats noirs et blancs qui défendent les droits civils des Noirs en butte à la ségrégation. Et surtout, elle paye les frais de ces longues procédures. Roy Wilkins en est le chef. M. George Smith, avocat pour la NAACP, nous parle de cette organisation :

GEORGE SMITH (traduction) :
«Nous défendons 7500 personnes qui ont été arrêtées dans les manifestations antiségrégationnistes. Nous plaidons des causes pour des gens qui veulent éliminer la ségrégation raciale dans les cours de récréation, dans les restaurants, dans les écoles publiques, dans les quartiers résidentiels, dans toute la vie américaine. Nous pouvons faire entrer une loi dans une école de Blancs, mais la loi ne peut pas tout faire. Je crois qu'il faudra des manifestations raciales de temps en temps pour que les Noirs aient ces droits aux États-Unis.»

**IMAGES
AUTOBUS**

Dans les autobus des États du Sud, les Noirs n'ont droit qu'aux sièges à l'arrière du véhicule. Contre cette humiliation, des groupes de Noirs et de Blancs entreprennent ensemble des voyages dans les bus et, ensemble, ils se font injurier, battre, arrêter. Ce sont les pèlerins de la liberté, groupés dans une association appelée

CORE ou Congress of Racial Equality.
Ils pratiquent les *freedom rides*.
(Pause)

M. Jim Peck, l'un des animateurs de
CORE, est aussi une victime de la
violence des racistes : il nous parle de
cette association et nous dit en quoi
consiste son action.

JIM PECK (traduction) :
« Ça consiste en du *pick it*, du *sit in*, du
stand in. Toutes les actions sont non
violentes. Quand un restaurant refuse
d'admettre les Noirs, un groupe de Noirs
et de Blancs entrent dans le restaurant et
restent assis jusqu'à ce qu'ils soient
servis ou arrêtés par la police. »
JUDITH JASMIN :
« Vous êtes un Blanc et vous participez à
ce mouvement depuis des années.
Qu'est-ce qui vous a amené à vous occuper de la lutte anti-raciale aux États-
Unis ? »
JIM PECK (traduction) :
« Parce que je crois fermement à l'égalité
et à la fraternité. D'ailleurs, je ne suis pas
le seul Blanc dans CORE. C'est un
principe que les Blancs et les Noirs
travaillent ensemble. CORE a été fondé
en 1943 et il a été un pionnier dans la
méthode de la non-violence. C'est la
méthode adoptée par Gandhi. CORE a

pris cette méthode et l'a appliquée dans le combat contre la discrimination. Chaque personne qui a participé au *freedom right* a suivi deux jours de formation sur la non-violence. Et dans cette formation il y a eu ce qu'on appelle des socio-drames, c'est-à-dire que les participants agissaient comme s'ils étaient déjà dans l'autobus : l'un d'eux joue le rôle du chauffeur, un autre du Noir, un autre du Blanc. C'est aussi près de la réalité que possible. Et quand c'est fini, ils doivent être confiants qu'ils peuvent maintenir la non-violence malgré n'importe quelle provocation. »

**IMAGES
KING**

La Southern Christian League doit son prestige à la personnalité de son chef, le Gandhi américain, l'apôtre de la non-violence, le pasteur Martin Luther King, le plus populaire des leaders noirs américains. Lorsqu'une maison ou une église vient d'être bombardée, lui seul réussit à retenir la colère de la population noire. King habite la Georgie, mais il voyage dans tout le Sud et, par sa présence et sa parole, ranime le zèle de la communauté noire.

**IMAGES
URBAN LEAGUE**

La National Urban League se spécialise dans la déségrégation des habitations. C'est elle qui organise le déménagement et l'installation d'une famille noire dans un quartier blanc, malgré les menaces qui sont faites au nouvel arrivant. La police doit souvent intervenir pour calmer, disperser les Blancs hostiles, qui ne pratiquent pas tous la non-violence.

**IMAGES
JEUNES GENS
EN PRISON**

Et enfin, la cinquième organisation fait appel aux jeunes gens en colère : SNICK, dirigé par James Forman de Chicago. Elle s'enorgueillit de compter parmi ses membres le plus grand nombre de blessés, de battus, d'emprisonnés. C'est le commando de la non-violence. Mais, comment devient-on un soldat de la non-violence ? Suffit-il de le vouloir ou faut-il subir un entraînement, comme une sorte de service militaire à rebours ?

GEORGE SMITH (traduction) :
« Partout dans le Sud des États-Unis, par exemple dans l'État du Mississippi, dans les États de Georgie, d'Alabama, en Caroline du Sud, on entraîne les enfants à faire face à la ségrégation raciale. Nous savons qu'il y aura peut-être de la violence et nous entraînons les petits avant de les envoyer à l'école. Il faut toujours que ces hommes acceptent la possibilité de la violence. Quand ils se lèvent le matin, ils savent que peut-être pendant le jour, ils seront arrêtés. Ils acceptent ça. Ou peut-être qu'on lancera une bombe dans la maison de cette personne. Ils

voyagent beaucoup dans le Sud des États-Unis, ils prennent contact avec d'autres Noirs pour les faire voter, par exemple. Mais vous savez que, dans le Sud, il y a la question de la brutalité des policiers à laquelle il faut toujours faire face. Le problème le plus important dans le Sud, je crois, c'est que les autorités policières ne sont pas pour le mouvement des Noirs. Elles essaient d'y mettre fin. »

**IMAGES
WALLACE**

Violence des policiers à la solde des gouverneurs des États du Sud. Wallace, de l'Alabama porte la responsabilité des bombes de Birmingham, des chiens policiers et des lances d'arrosage qui assomment les femmes et les enfants. Ross Barnett du Mississippi ou Orval Faubus de la Caroline du Sud, qui ferment les écoles aux élèves noirs, sont de la même espèce. Ce sont eux qui, au nom de *l'idéal sudiste*, s'opposent à la législation fédérale. Little Rock, Birmingham, James Meredith sont les noms qui évoquent le souvenir de leurs victimes.

**IMAGES
KU KLUX KLAN**

Ces gouverneurs trouvent un appui dans la population parmi certains groupes d'extrémistes tels que le Ku Klux Klan aux allures d'inquisition. Même si le Klan a perdu de son efficacité, les notables qui en font encore partie n'en approuvent pas moins la loi du lynchage, la chasse aux nègres, les exécutions sommaires et les croix brûlées.

LE GRAND DRAGON DU KU KLUX KLAN

(voix en sourdine et traduction) :
« Cet homme décline son titre. C'est le grand Dragon du Ku Klux Klan de l'État de Georgie. " Vous devez comprendre, dit-il, que le Klan est l'œuvre des hommes blancs et qu'il est fondamentalement américain. Les Juifs n'y sont pas admis, car, pour faire partie du Klan, il faut être un gentil et de plus être protestant. Les principes du Klan s'énumèrent ainsi : l'américanisme, le christianisme et la défense de la foi et de l'ordre moral qui, de nos jours, sont remis en question. " »

IMAGES NAZIS

Des gens qui se trompent d'époque, les nazis américains croient encore aux théories d'Hitler sur la pureté des races. Ils sont aussi antisémites qu'anti-Noirs et s'opposent à toute forme d'intégration. Leurs manifestations, même si elles ne rallient pas beaucoup de partisans, évoquent le temps du ghetto et des fours crématoires : une graine qu'il ne faut pas laisser germer.

Il faudrait aussi parler du White Citizen's Council, de la John Birch Society, qui

**IMAGES
VIOLENCES
NOCTURNES**

groupent une série d'individus généralement bien nantis — le sénateur Gold-
water est leur porte-parole —, assis
confortablement dans l'arbitraire de leurs
convictions. Pour eux, les gens de couleur sont tout simplement d'une intelligence inférieure à la leur. Ce jugement
justifierait la violence et le mépris. Ils
portent, tout comme les gens du Klan, la
responsabilité de ces bombes, de ces
chasses à l'homme qui transforment les
nuits du Sud en nuits d'horreur : Saint-
Barthélémy répétées où l'éternel gibier a
le seul tort d'avoir la peau brune. D'après
le romancier noir James Baldwin, qui a
décrit le comportement des deux groupes, l'attitude des Blancs qui s'opposent
au mélange des races, à la « mongo-
lisation », relève d'un tabou sexuel : ils
sont contre les mariages mixtes, ils les
trouvent « dégoûtants » pour des raisons
que seul le freudisme pourrait démêler ;
ils sont obsédés par l'idée qu'un Noir
puisse regarder une Blanche : caricatures
de la vertu, ils touchent à l'hystérie, à la
névrose.

**IMAGES
ÉCOLES**

En 1954, sous l'administration Eisenhower, la Cour suprême des États-Unis
ordonne l'intégration scolaire. Certains
États comme la Georgie tentent plus ou
moins lentement d'accepter quelques
Noirs dans des écoles de Blancs ; dix ans

après la promulgation de la loi, seulement 10 p. 100 des élèves noirs sont intégrés aux Blancs.

Cependant les sudistes, drapeau en tête, manifestent violemment pour garder leurs écoles blanches. Bien que les écoles noires soient surpeuplées, pauvres, vieilles et équipées d'un corps enseignant peu qualifié, puisqu'il y a peu de chances pour qu'un Noir aille à l'université..., les Blancs usent de toute leur énergie pour empêcher les Noirs d'entrer dans leurs écoles. La police, paternelle, essaie de raisonner cette irréductible jeunesse... de douces et honorables mères de famille mènent la croisade contre les enfants des autres.

Quand un gouverneur s'oppose à toute intégration, il fait fermer les écoles, tout simplement, comme Wallace en Alabama.

GOUVERNEUR GEORGE WALLACE

(voix en sourdine et traduction) :
« En tant que gouverneur de l'État, je déclare que nous, citoyens de l'Alabama, continueront de lutter énergiquement contre l'intégration raciale qu'on veut nous imposer au niveau des écoles primaires. Et nous combattrons aussi le gouvernement fédéral dans la mesure où il enquête sur des pouvoirs qui appar-

tiennent normalement au gouvernement de l'Alabama. »

IMAGES FORCE MILITAIRE

Contre le gouverneur de l'État, la police fédérale intervient. Elle doit faire respecter la loi et préserver la vie des écoliers. Il faut souvent déployer une force importante, pendant des mois, pour permettre à quelques enfants de faire vivre un principe. L'an dernier, préserver la vie de James Meredith à l'université de Ole Miss a coûté cinq millions de dollars au gouvernement central.

IMAGES ENFANTS

Par ailleurs, le courage de ces enfants qui acceptent d'aller à l'école blanche est digne de respect. Petites filles de Little Rock, enfants de Birmingham, injuriés, menacés chaque jour, et qui n'en continuent pas moins d'étudier, de travailler pour que les leurs aient gain de cause, ils ont droit à notre admiration.

CHANSON SUR MEREDITH

Le cas James Meredith a marqué l'un des points cruciaux de cet affrontement entre la volonté du gouvernement central et les préjugés locaux. Premier étudiant noir à s'inscrire à l'Ole Miss, James Meredith a du affronter les lazzis quotidiens de ses camarades et les effets de leur vandalisme.

Chanson plein son

ÉTUDIANT BLANC (voix en sourdine et traduction) :
« Le nègre est inférieur à l'homme blanc.
Le nègre n'a pas l'intelligence du Blanc,
du moins pas encore. Par conséquent, on
doit considérer les nègres comme des
inférieurs. »

IMAGES
FOULE

Néanmoins Meredith a fait ce qu'il considérait comme son devoir. Il a affronté
la presse et supporté avec le sourire
toutes les vexations que cette foule, sûre
d'elle-même, lui prodiguait en toute
impunité. Quand on a le nombre avec soi,
comme il est facile de se payer la tête
d'un homme seul...
(Pause longue)
James Meredith a finalement passé ses
examens et est devenu pour les Noirs
américains un symbole de la jeunesse
d'aujourd'hui, de celle qui veut affronter
et vaincre. Mais à quel prix et au milieu
de quelle solitude...

George Smith (traduction) :
« Vous savez qu'aux États-Unis, peut-
être 90 p. cent des églises sont ségréguées. Les églises le sont dans le Sud,
surtout à cause des lois, à cause du fait
que les Blancs ne veulent pas que les
Noirs y entrent. Dans le Nord, c'est une
question d'acceptation des Noirs. Ils ne
veulent pas que les Noirs aillent à l'église

avec les Blancs. Pour cette raison, la plupart des églises des États-Unis sont ségréguées. Maintenant, il y a des pasteurs, des prêtres qui participent aux manifestations raciales, qui vont en prison. La hiérarchie se dit contre la ségrégation raciale, mais elle la pratique dans les églises. Je crois que c'est surtout les jeunes prêtres et les jeunes pasteurs qui veulent mettre fin à cette question de la ségrégation.»

JOURNALISTE BLANC (voix en sourdine et traduction) :
« Tous les hommes sont égaux devant Dieu. Quelle idiotie ! Quelle bêtise ! Le Christ lui-même a été l'apôtre de la ségrégation. Pas d'oiseaux noirs dans un nid d'oiseaux bleus, jamais, à moins que ce ne soit pour y voler les œufs. Et cette loi s'applique à tous les animaux de la création : on s'unit à ceux de son espèce.»

**IMAGES
ÉGLISES**

Pour le raciste, il n'est pas d'arguments ridicules. Tout est bon, même cette sorte de blasphème qui consiste à rendre le Christ complice de ses crimes, y compris des bombes lancées sur les églises. À Birmingham, il y a quelques semaines, une église sautait, tuant quatre fillettes. Même si les églises sont devenues des lieux peu sûrs, les Noirs assistent nombreux aux offices ; ils sont profondément religieux et attachés à leurs pasteurs.

UNE DAME « SUAVE » (voix en sourdine et traduction) :
« Cette jeune femme raconte qu'elle discute souvent d'intégration avec sa domestique noire. Un jour, elle invite sa domestique à assister au service religieux, dans l'église des Blancs. À sa grande surprise, la domestique a refusé, parce que, pour elle, une église où l'on ne peut ni chanter, ni frapper des mains, ni parler soudain selon l'inspiration du moment, ce n'est pas une véritable église. Et ce n'est pas une vraie religion que celle des Blancs, parce qu'on n'y est pas en transe. Et si l'on ne peut ni chanter ni crier dans une église, on manque une belle chance d'être chrétien. " Non, a dit la domestique, je ne veux pas aller à votre église, et je ne veux pas non plus que vous veniez à la mienne. " »

**IMAGES
PANCARTES
CHANTS ET HYMNES**
Quand on connaît la sensibilité musicale des Noirs, on ne s'étonne pas de voir la place importante du chant pendant les offices. Ici, la prière se fait rythme et musique.

GEORGE SMITH (traduction) :
« Il y a aussi une question de chômage aux États-Unis. Peut-être 11 p. 100 des

Noirs n'ont pas de travail maintenant, alors que peut-être 5 p. 100 des Blancs n'ont pas de travail. Il y a beaucoup de chômeurs dans la communauté noire. Et c'est pour ça que nous voulons faire face à la discrimination raciale dans le travail. Ici, à New York, il y a quelques mois, on a fait des manifestations raciales devant les chantiers de construction dans la ville. Vous savez que la ségrégation raciale existe partout dans le travail, dans les grandes industries, dans les grandes banques, les grandes compagnies d'assurances, les syndicats, et même dans les universités où on n'embauche pas de professeurs noirs. On commence à mettre fin à la ségrégation, mais ça va très lentement. »

IMAGES
SIT-IN

En effet, l'intégration est très lente dans le milieu du travail. Redisons-le : 11 p. 100 des Noirs, aux États-Unis, sont en chômage alors que parmi les Blancs le taux est de 5 p. 100. La lutte non violente s'est attaquée à ce problème. Régulièrement, des militants font des *sit-in* aux abords des chantiers qui pratiquent la ségrégation. Ils restent immobiles jusqu'à ce que la police les enlève et les emmène en prison.

GEORGE SMITH (traduction) :
« Beaucoup de syndicats aux États-Unis

nous aident. Pourtant, il y a des syndicats pour les ouvriers qualifiés, des syndicats comme ceux pour les électriciens, les plombiers, des hommes qualifiés qui interdisent aux Noirs d'en faire partie. Ils ne veulent pas s'occuper des Noirs. Vous savez que, pour avoir une situation, pour devenir un électricien, un plombier, il faut être membre du syndicat. Et on ne trouve pas beaucoup de ces personnes aux États-Unis. »

**IMAGES
HOMMES
AU TRAVAIL**

Les syndicats des métiers du bâtiment n'acceptent ni apprentis ni ouvriers spécialisés de couleur. Quand un adolescent est à l'âge de choisir un métier, il sait que la plupart des avenues du travail lui sont fermées. Même s'il est doué, même s'il aime l'électricité ou la plomberie, il y renoncera, sachant qu'il ne pourra y gagner sa vie.

C'est pourquoi aux États-Unis tant de Noirs sont cireurs, laveurs de vaisselle, balayeurs, préposés aux ascenseurs ou aux bagages. À quoi servirait-il à un adolescent d'étudier, s'il sait que plus tard il lui sera interdit de pratiquer son métier ?

GEORGE SMITH (traduction) :
« Vous savez que pendant beaucoup d'années, les cinémas, les journaux, la

télévision, reflétaient une image des Noirs qui n'était pas très bonne. Ils disaient que les Noirs étaient inférieurs. Ça commence à changer maintenant. On voit à la télévision des avocats noirs, des professeurs, des personnes qui participent à toute la vie américaine. Ça commence à changer un peu. »

« Il existe une presse noire aux États-Unis, mais ça existe presque seulement pour les Noirs. Les Blancs ne s'occupent pas de la presse noire. Dans la presse blanche, il y a des journaux qui s'occupent de la question noire, et qui se disent pour nous. La presse dans le Sud des États-Unis est entièrement contre les droits civils des Noirs. Ils ne veulent pas que les Noirs aient leurs droits et ils le disent dans les journaux. »

Lumières sur la ville

IMAGES
CINÉMA

L'expérience tentée ici par une reporter canadienne est évidemment provocante : un Noir et une Blanche vont essayer d'aller au cinéma ensemble dans une ville du Sud. L'expérience donne les résultats attendus, aussi exactement que l'inoculation d'une drogue sur un rat provoque des réflexes conditionnés...
Dialogue au guichet plein son

IMAGES
GENS SE
RETOURNANT

Affolée par ce couple insolite, la caissière va demander conseil au gérant. La réponse est formelle : pas de place, ni au parterre ni au balcon.
Dialogue plein son et fin

Les Noirs, qui, dans le jazz ou les sports, sont souvent des vedettes applaudies, prestigieuses pour la renommée des États-Unis, se retrouvent, quand ils veulent se distraire, devant la barrière raciale.

IMAGES
PLAGE

Ce que la nature offre aux humains de plus beau, de plus consolant : une plage de sable, une vague qui retombe, une petite place au soleil, même cela, qui n'a pas été fait par les hommes, est refusé aux nègres.
(Pause)
Ont-ils peur, ces gardiens à la poigne solide, que les Noirs polluent l'eau de la mer ou fassent tort à ces gens qui essaient, ô ironie, de se faire brunir au soleil ?
(Pause)

IMAGES
MAISONS
DE NOIRS

Repoussés des cinémas, des parcs d'amusement, évincés des plages et des quartiers résidentiels, il ne reste aux Noirs américains que le ghetto : Harlem à New York, South Side à Chicago, ou quartier réservé de n'importe quelle ville américaine, du Nord comme du Sud.

**IMAGES
TRAIN... GARE...**

**ENFANTS SE
BATTANT DANS
LA RUE**

Bagarre plein son

C'est là que les enfants grandissent, dans la rue, entre des maisons lépreuses ; les parcs blancs leur sont souvent fermés. Et ainsi pousse le *native son*, l'enfant de couleur qui, comme le raconte Richard Wright, révolté, aigri, n'a, pour s'affirmer et échapper à cette société injuste, d'autre issue que la délinquance.

Parce que les quartiers réservés sont toujours trop étroits, les Noirs sont obligés d'accepter des logements sales et tristes. Les loyers sont élevés et les propriétaires n'effectuent aucune réparation — ils sont sûrs de trouver preneurs. Les Noirs ne sont que rarement propriétaires et ce n'est pas leur faute si Harlem est triste comme une prison. À Chicago, la location des taudis aux nègres a enrichi plus d'un honorable gentleman à peau blanche.

**IMAGES
BILLARD
AMBIANCE**

Promiscuité des logis, chômage, avenir bouché... Un jeune homme de couleur, s'il ne devient pas pasteur ou militant, se livrera à la révolte. Cette révolte s'appelle ici « délinquance ». Elle est très élevée parmi les jeunes Noirs. Les racistes, qui sont les vrais responsables, en tirent une raison de plus contre la déségrégation. Cercle infernal qu'on ne sait comment briser.

**IMAGES
DANSES**

Et pourtant, à vingt ans, qu'on ait la peau blanche ou noire, on aime rire et s'amuser. Les filles sont coquettes et les garçons ne songent pas à le leur reprocher... La danse, la musique, tout est oublié ce soir. Après tout, avoir vingt ans, c'est une chance.

GEORGE SMITH (traduction) :
« La plupart de ces jeunes sont des enfants de dix-sept, dix-huit, vingt ans. Ils veulent la fin de la ségrégation raciale aux États-Unis. Beaucoup d'entre eux ont été arrêtés. Ils acceptent volontairement les arrestations, ils acceptent la violence, ils acceptent tout pour en finir avec la ségrégation raciale. »

JIM PECK (traduction) :
« Les jeunes participent de façon enthousiaste à l'action non violente. Ils veulent voir la liberté de leur vivant. Ils ont vu comment on a mis en pratique cette méthode, tandis que, pour les plus vieux, c'est une méthode nouvelle qu'ils ne comprennent pas trop bien. »

MALCOLM X (voix en sourdine et traduction) :
« C'est devenu impossible aujourd'hui
d'intimider les nègres uniquement parce
qu'on porte un costume de policier et
qu'on a la peau blanche. Même les policiers ne réussissent plus à faire peur aux
nègres. Ils vous matraquent sur la tête,
puis ils vous traînent en cour pour vous
accuser de les avoir attaqués. Tous les
actes de brutalité de la police contre les
nègres se ressemblent. Chaque fois, les
policiers vous attaquent, vous frappent au
visage, et après ils vous amènent devant
les tribunaux sous une inculpation
d'assaut contre la police. Quelle sorte de
démocratie est-ce donc là ? Quelle sorte
de justice que celle-là ? Dans quel système politique et social vivons-nous,
nous qui n'avons pas le droit de nous
exprimer selon la loi, nous qui n'avons
droit à rien d'autre que ce que l'homme
blanc décide de nous donner. Mes frères,
mes sœurs, nous devons mettre un terme
à tout cela... sans quoi cela continuera
combien de fois encore et encore jusqu'à
ce que nous soyons en mesure de les en
empêcher ! Oui, ils attaquent leurs victimes, et ceux-là mêmes qui attaquent
leur victime les accusent après de les
avoir attaqués en premier. Voilà la justice
américaine... et voilà la démocratie américaine... Et ceux d'entre vous qui sont
passés par ces expériences savent désor-

mais qu'aux États-Unis, démocratie égale hypocrisie. »

Voix de Malcom X plein son
« Democracy is hypocrisy. If democracy means freedom why aren't people free ? If democracy means justice why don't we have justice ? If democracy means equality why don't we have equality ? »

(traduction) :
« Démocratie égale hypocrisie... Et si démocratie veut dire liberté, dans ce cas pourquoi notre peuple n'est-il pas libre ? Et si démocratie est synonyme de justice, pourquoi nous traite-t-on avec injustice ? Et si démocratie signifie égalité, pourquoi ne sommes-nous pas traités en égaux ? »

Malcolm X, qui est le porte-parole des Noirs musulmans, est l'un de ces éveilleurs qui a changé la mentalité de jeunes Noirs. Les Black Muslims ou Noirs musulmans — ils représentent 5 p. 100 de la population de couleur — prêchent le boycott total des Blancs. N'achetez que dans les épiceries noires, ne lisez que des journaux écrits et publiés par des Noirs, évitez d'acheter quoi que ce soit des Blancs... même votre barbier se doit d'avoir la peau brune.

Ce racisme à rebours a été prêché d'abord par Elijah Muhammad avec un certain succès. Il se désolidarise de tous les autres leaders noirs et de tous les mouvements de non-violence. Pour le moment, il a expulsé les Blancs des manuels scolaires : toutes les illustrations sont adaptées au monde noir.

Les Black Muslims demandent que les Noirs soient groupés dans des États d'où les Blancs se retireraient ; une sorte de partition, à la manière de l'Inde et du Pakistan. En prévision de cet État noir, les Black Muslims s'entraînent à devenir soldats. Même si leur but, un État indépendant au cœur des États-Unis, semble bien irréel, les Black Muslims trouvent des adhérents convaincus. Ils ont rejeté le christianisme parce que religion de Blancs, fondée par et pour les Blancs, disent-ils. L'Islam, au contraire, d'après eux, s'adresserait surtout aux gens de couleur. Leur meilleur agent recruteur est Malcolm X, parce qu'il refuse de porter un nom donné à ses ancêtres-esclaves par l'ancien maître.

Voix de Macolm X plein son
« Why ? Because the White men know you're more dangerous when you're sober than when you're drunk. Yes ! you're more dangerous sober than drunk. »

IMAGES
KING

(traduction) :

« Pourquoi ? Parce que l'homme blanc
sait que vous êtes plus menaçants quand
vous êtes sobres que quand vous êtes
ivres-morts. Oui, vous êtes plus menaçants sobres qu'ivres-morts. »
D'après une enquête récente, l'homme le
plus populaire auprès des Noirs américains (il remporte à lui seul 95 p. 100
des voix) est Martin Luther King.
(Pause)
Martin Luther King est un jeune pasteur
de la Georgie qui prêche la non-violence,
parce que cette méthode fait appel à la
conscience des Blancs. Mais il ne prêche
pas la passivité. C'est avec une fougue
typique des chefs actuels de la communauté noire qu'il demande aux siens
d'affronter les difficultés et de livrer le
combat.

Voix de King plein son (traduction)
« Ne perdez pas courage parce que vous
allez vivre des temps durs. Ne perdez pas
courage quand vous devez affronter la
force policière. Non, ne perdez pas votre
courage parce qu'on mettra les chiens à
vos trousses... Répondez-moi : Voulez-
vous encore vivre en liberté ce soir ? Si
vous voulez passer la nuit en liberté, il
faut que vous alliez tous la passer en
prison. Et si vous tenez absolument à
votre liberté, vous devez marcher en

rangs serrés, tous ensemble. Et celui qui regardera par sa fenêtre verra un nombre incalculable d'hommes libres circuler ensemble dans les rues. »

IMAGES
JOHN F. KENNEDY

Du côté des Blancs, le président Kennedy a pris la tête du mouvement d'intégration et cela malgré une fraction de son parti, les démocrates du Sud. Dans quelques jours, il va proposer au Sénat un *bill* sur les droits civils qui interdirait toute discrimination dans les endroits publics. Ce *bill* sera-t-il accepté par la législature ?

Voix de Kennedy (traduction)
« Nous habitons un pays, un seul. Et ce pays s'est constitué parce que chacun de nous, parce que chacun de ses habitants a eu la même chance que tous les autres citoyens de poursuivre librement sa vie. Est-il possible, est-il juste de dire à 20 millions de Noirs : "Cette chance que nous avons eue, vous n'y avez pas droit" ? »

GEORGE SMITH (traduction) :
« Ce *bill* n'est pas grand-chose. Ça interdirait la discrimination raciale dans les endroits publics, les restaurants, les cinémas, peut-être les cours de récréation, mais ça n'interdit pas la discrimination dans le droit de vote par exemple,

dans les emplois, dans les quartiers résidentiels où on fait souvent des distinctions raciales. C'est pour cette raison que ce projet de loi n'est pas grand-chose. Même si le Congrès des États-Unis vote ce projet de loi, il faut que les États le mettent en vigueur, le renforcent. Et c'est une question difficile, surtout dans le Sud. Les gouverneurs ne veulent pas en finir avec la discrimination raciale. »

JIM PECK (traduction) :
« C'est que malheureusement, dans le Parti démocrate, il y a les démocrates du Sud. Et le Parti républicain n'a pas d'intérêt dans cette lutte pour la liberté. Quand M. Kennedy nomme un juge ségrégationniste, comme il en a nommé plusieurs, ce n'est pas qu'il croit lui-même en la ségrégation, mais c'est une dette politique envers les démocrates du Sud. »

GEORGE SMITH (traduction) :
« Vous savez qu'en 1954 la Cour suprême des États-Unis a déclaré inconstitutionnelle la ségrégation dans les écoles publiques. À cette époque, les Noirs avaient un grand espoir. Et c'était le commencement de la fin de la ségrégation raciale. Mais vous savez que maintenant il n'y a que 10 p. 100 des Noirs qui peuvent fréquenter les écoles des Blancs.

Pour cette raison, je ne pense pas que nous avons eu un changement d'opinion chez les Blancs. Il a fallu les manifestations raciales pour faire face à la ségrégation. Les pèlerins de la liberté, les grandes manifestations à Birmingham, en Alabama, il y a quelques mois. »

JIM PECK (traduction) :
« Il y a des progrès énormes qui se sont réalisés comme résultats de cette action non violente. Par exemple, dans les *sit-in* de 1960 : dans une année, les restaurants de 130 villes du Sud ont changé, ont commencé à servir les Noirs. Depuis, encore plus. Ça a donné des résultats énormes. Justement, quand j'ai été très gravement battu à Birmingham en 1961, les reporters sont venus à l'hôpital et m'ont demandé : " Est-ce que ça vaut la peine ? " J'ai pu répondre que ça valait la peine parce que j'avais vu depuis 1946 comment la non-violence est efficace. Je trouve que ce ne sont pas les gens qui m'ont battu qui sont les coupables ; ce sont ceux qui les y ont incités. Je compare cela au peuple allemand sous Hitler et je dis toujours que nous, malheureusement, nous avons dans le Sud nos petits Hitler : les gouverneurs Barnett, Wallace, Connor à Birmingham, qui incitent à cette violence et à cette haine. Quand elle n'est pas incitée, il n'y en a

pas. Par exemple, nous avons traversé l'État de Georgie sans aucun incident parce que le gouvernement de Georgie avait décidé de ne rien provoquer. »

GEORGE SMITH (traduction) :
« Je crois que si les Blancs voient que nous sommes non violents, que nous avons une cause juste, que nous voulons la liberté, peut-être les opinions changeront. Moi, je suis un homme non violent, je ne crois pas que nous puissions arriver à mettre fin à la ségrégation par la violence. Alors je crois que la non-violence a beaucoup fait et j'espère que la loi restera non violente. Mais je crois que l'opinion des Blancs des États-Unis changera très lentement. La plupart de ces gens sont indifférents. Il y a des Sudistes et d'autres personnes qui ne veulent pas du tout la fin de la ségrégation raciale. Mais la plupart des personnes aux États-Unis sont, je crois, indifférentes. »

JIM PECK (traduction) :
« Ça prendra du temps, mais je pense que le résultat de l'action non violente se fait sentir beaucoup plus rapidement. »

IMAGES
MARCHE SUR
WASHINGTON

Les Noirs sont patients, patients et décidés. Périmée une fois pour toutes la figure du « bon oncle Tom » fait pour servir les Blancs avec le sourire.

Ce matin d'août, à Washington, ils arri-
vèrent peu à peu, à la cadence d'un train
toutes les six minutes, exacts au rendez-
vous ; à la fin, ils étaient 200 000. On
leur avait simplement demandé d'être
présents afin de prouver aux représentants du Congrès qu'ils étaient tous bien
d'accord avec leurs chefs et décidés à
obtenir justice.
(Pause)
Parmi les mots d'ordre du jour, il y a
calme et *dignité*. Il ne faut pas donner
raison à ces journalistes qui, avec dédain,
ont d'avance parlé de *mob*, d'une foule
incontrôlée, d'un prolétariat disgracieux.
Ils se sont tous bien habillés ; les enfants
sont propres et soignés. Cette journée
mémorable ressemble à un dimanche
alors qu'on va au temple chanter des
hymnes...
De jeunes Blancs sont venus prêter main-
forte à leurs compatriotes. Cette jeune
fille alerte, qui fixe en un tour de main
des centaines de pancartes à leur manche,
est sûrement une habituée des préparatifs
de ce genre. Tous les slogans ont été
épluchés, épurés. Pas un mot de haine,
mais une seule note indéfiniment répé-
tée... *freedom*, liberté.
Enfin le cortège s'ébranle et tous ceux
qui campaient depuis la veille ou le matin
sur les pelouses entre le monument de
Washington et le Potomac se retrouvent

au coude le long du Mall. Une vaste armée aimable, gentille, qui ne profère ni ne vocifère, et vient demander poliment justice et tout de suite.

Les voix s'élevèrent, rythmées, en chœur... le plus vaste chœur que ce pays de maximum ait jamais entendu ; on y chante des hymnes où il n'est question que de liberté.

Ils ont marché ainsi pendant cinq heures jusqu'au monument de Lincoln. Des artistes tels que Burt Lancaster, Marlon Brando, James Baldwin, des chanteurs comme Marian Anderson, Hamalia Jackson sont présents sur l'estrade d'honneur. Les chefs, à la tribune, parlent tour à tour. À la fin, s'élève la voix du grand homme, celui qui, aux États-Unis, est peut-être le seul à avoir la stature d'un grand leader, Martin Luther King.

Voix de Martin Luther King plein son
(traduction)
« Nous transformerons les discordes de notre nation en une grande harmonie de fraternité... Nous pourrons travailler et prier les unes à côtés des autres, lutter ensemble et aller en prison ensemble... et vouloir la liberté. Nous serons vraiment des hommes libres un jour. Oui, nous le serons. »

**IMAGES
DÉFILÉ**

Des hommes libres, oui, souhaitons-le pour l'honneur et la paix des Américains comme de nous tous..., pour que toutes nos grandes phrases sur la liberté ne soient plus des mots creux, pour sauver de la honte la civilisation dont nous nous réclamons.

**IMAGES, DÉFILÉ ET CHANT PLEIN SON...
TITRES DU GÉNÉRIQUE...**

LES FILS D'INUK

Reportage diffusé à l'émission Champ libre,
à la télévision de Radio-Canada, le 7 novembre 1964

IMAGES
BAIE D'HUDSON

Une côte rocheuse, verdie par la mousse
d'été, échancrée d'eau... un amas de
cubes de bois peints... Le pilote du Canso
a repéré Povungnituk, sur la côte est de la
baie d'Hudson, au niveau du 60ᵉ parallèle. Ce n'est pas encore l'Arctique, c'est
le Grand Nord, celui de la province de
Québec. Un pays du bout du monde, sans
arbre, sans ombre... une grande meule de
roche dure qui moud le vent du pôle. Des
gens y vivent pourtant... des enfants y
jouent. Le seul lien avec le sud et le reste
du pays, c'est le navire du gouvernement

fédéral, une fois l'an, et cet hydravion
hebdomadaire, en saison seulement.

IMAGES
VILLAGE
POVUNGNITUK

Povungnituk: 500 Esquimaux, une
trentaine de Blancs à 1500 milles de
Montréal, à 8 heures d'avion, sans quitter
de l'œil le territoire du Québec.
Sur cette croupe rocailleuse, les maisons
préfabriquées ont remplacé les igloos du
temps jadis. L'Esquimau de 1964 vit
sous un toit de bois qu'il achète, à crédit,
au gouvernement fédéral. Ces cabanes
leur coûtent 1200 $ ou 1500 $ chacune.
Le terrain est à tous ou du moins à personne: il est déclaré territoire de la
Couronne.

IMAGES
CHIENS

Pas de voiture, partant, pas de route... Par
contre, les chiens y sont plus nombreux
que les habitants. Un attelage à chiens,
c'est un luxe, une coquetterie, une façon
d'afficher son standing. En attendant
l'hiver, les huskies, mal nourris, poussent
des hurlements de loups affamés...

IMAGES
VILLAGE,
GENS
QUI Y VIVENT

À Povungnituk, les images pittoresques,
les données immuables comme des lieux
communs sur la vie esquimaude s'effri-
tent peu à peu. En fait, on y vit comme
dans quelque village du golfe, entre ciel
et mer, dans une lumière frisante.
Rien n'arrête ce vent qui sèche le linge
étendu sur la corde; mais il fait bon dans
les maisonnettes chauffées à «l'huile» —

IMAGES
VILLAGE

IMAGES
ENFANTS
À L'EXTÉRIEUR

IMAGES
PAOLUSSIE

IMAGES
FAMILLES

IMAGES
VIE
QUOTIDIENNE

non plus à la malodorante graisse de phoque.

La vie sociale se déroule à la façon du monde «blanc»; en semaine, on travaille (à la chasse ou à la pêche) et le dimanche, on fait le tour des amis. Fini le temps de l'isolement; voici l'âge de la communauté villageoise. Le groupe cherche sa route.

Les enfants sont nombreux au village, et curieux, comme tous les enfants du monde. Même si la mortalité infantile est encore élevée par rapport à la moyenne du pays, la population augmente peu à peu: 12 000 Esquimaux dans tout le Canada, dont 2500 au Québec.

Paolussie est un père de famille de Povungnituk; il est bon chasseur, bon sculpteur. Comme ses voisins, il possède une petite maison de bois, sans eau courante, ni égout, ni électricité. Mais, à l'intérieur, les enfants peuvent manger au chaud, dans des ustensiles communs à bien des familles du sud.

Au menu, du thé et de la banik (le pain esquimau) avec, parfois, de la viande de phoque ou un poisson à chair rose, l'omble de l'Arctique.

Les bébés esquimaux goûtent les joies du bain d'éponge et s'éveillent à d'agréables sensations... Devant une vie aussi xxe siècle que possible, nous avons demandé à Mme Paolussie (grâce à notre interprête, le père Steinman) si elle pourrait retourner vivre dans une maison de neige...

Entrevue de Mme Paolussie

MME PAOLUSSIE (traduction par le père Steinman) :
« Elle pense que ce serait dur de revivre dans des conditions du passé. »
JUDITH JASMIN :
« Qu'est-ce qu'elle désirerait le plus pour sa maison ? »
MME PAOLUSSIE (traduction) :
« Elle voudrait un évier où elle pourrait faire la lessive. Ils sont obligés d'aller chercher de l'eau avec des marmites. »
JUDITH JASMIN :
« Qu'est-ce qu'elle désire le plus pour elle ? »
MME PAOLUSSIE (traduction) :
« Elle aimerait bien avoir une machine à laver. »
JUDITH JASMIN :
« Qu'est-ce qu'elle désirerait le plus pour ses enfants ? »
MME PAOLUSSIE (traduction) :
« Elle aimerait bien qu'ils aient une balançoire. »
JUDITH JASMIN :
« Est-ce qu'elle trouve que son mari est autoritaire ? »

MME PAOLUSSIE (traduction) : « Non. Elle dit que son mari n'est pas trop autoritaire. »

IMAGES ÉCRAN D'UNE SALLE DE CINÉMA

Le cinéma de la mission met en joie les spectateurs en leur révélant un aspect non négligeable de notre culture d'exportation: le western ! Le père Steinman, un missionnaire oblat qui vit dans le Nord depuis vingt-six ans, nous parle de l'évolution des Esquimaux au contact de la civilisation occidentale.

Entrevue du père Steinman

PÈRE STEINMAN :
« Je crois que l'Esquimau, actuellement, désire bénéficier de certaines facilités que le Blanc peut lui offrir, mais je crois qu'il est encore très attaché à sa vie esquimaude. »

JUDITH JASMIN :
« Quelles seraient les parties de cette vie esquimaude qu'il désire retenir ? »

PÈRE STEINMAN :
« Son pays, la chasse, la pêche, une certaine liberté d'action qui ne l'astreint pas à des heures fixes. »

JUDITH JASMIN :
« Il n'est pas prêt pour le 9 à 5, par exemple ? »

PÈRE STEINMAN :

« Pas tout à fait. Il l'adopte partiellement quand il y a des travaux locaux comme il y en a en ce moment-ci. Il l'adopte, mais il est tellement content de voir la fin de semaine arriver, pour pouvoir aller à la pêche à volonté chaque jour, en plein air. »

JUDITH JASMIN :

« Qu'est-ce qu'il adopte le plus volontiers de la façon de vivre du Blanc ? »

PÈRE STEINMAN :

« C'est assez logique, c'est ce que tout être humain adopterait : le confort d'une maison contre une maison de neige, l'avantage d'un gramophone, d'une machine à laver — quand on réussit à les convaincre de laver. Tous ces moyens matériels qui facilitent la vie dans le pays. »

IMAGES
AÉROPORT

Au poste de la Baleine, sur la baie d'Hudson, à l'embouchure de la rivière Grande-Baleine, les Blancs ont construit un aéroport civil et militaire. Les Esquimaux et les Indiens qui nomadisaient dans la région, à la poursuite du gibier, se sont fixés autour des installations militaires, à la recherche d'emplois. Un certain nombre y exercent des travaux subalternes: le chef du village est concierge, un autre conduit un camion, certains transportent le fret. Quand le travail vient à manquer, ils reçoivent des secours: du *relief*. Ils perdent peu à peu leurs habitudes d'indépendance. Un nouveau prolétariat s'installe en face du village blanc: celui-ci est muni d'installations sanitaires, d'une centrale électrique... De l'autre côté de la piste d'atterrissage s'élèvent les cahutes sur terre battue, à l'ancienne, sans eau courante ni électricité. Le monde des Blancs demeure une tentation dont l'accès est difficile. Pour le moment, il faut se contenter d'une pauvre imitation.

**IMAGES
FORT CHIMO**

**IMAGES
FAMILLE
SOUS LA TENTE**

**IMAGES
EXTÉRIEUR**

À Fort Chimo, sur la baie d'Ungava, même situation, même transition brutale de la vie du chasseur libre à celle de prolétaire pensionné. Sous la tente (qu'un nomade préfère, l'été, à n'importe quelle maison en dur), on retrouve le cercle de famille, l'éternelle banik... et les songes nostalgiques. Tandis que le phono joue des yé-yé... un monde qui finit, un autre qui commence. La rareté du gibier a forcé l'Esquimau à se rapprocher des Blancs, bien qu'il préfère la chasse à toute autre activité. La génération adulte est en pleine transition, en pleine crise... elle doit s'adapter; par contre, la jeunesse a l'air d'avoir choisi et de savoir déjà où elle va.

**IMAGES
ESQUIMAU
EN TRAIN
DE SCULPTER**

Les Esquimaux sont-ils tous sculpteurs? En tout cas, pour être sculpteur, il suffit d'une hache et d'un bloc de pierre, de stéatite, que l'on appelle en anglais *soapstone*, car elle est friable et devient douce comme le marbre une fois polie. Avant l'arrivée des Blancs, les Esquimaux polissaient la pierre pour un usage domestique. Houston découvrit leur talent vers les années vingt et les engagea à produire des statuettes pour les Blancs.

Entrevue du père Steinman

PÈRE STEINMAN :
« Il y avait déjà de la sculpture mais la Compagnie de la baie d'Hudson achetait cette sculpture. Évidemment, elle payait des prix dérisoires, en ce sens qu'ils n'étaient pas proportionnés au travail. Ça avait tendance à tuer l'art, parce que l'Esquimau qui, avec confiance et goût, sculptait une très belle pièce qui lui prenait beaucoup de temps, n'était pas payé en proportion du travail qu'il avait fourni, comparativement à l'Esquimau qui faisait une pièce très rapidement (un petit phoque, par exemple). Il pouvait en terminer une vingtaine par semaine. On ne lui donnait pas grand-chose, peut-être 75 sous ou 1 $ par phoque, mais ça lui faisait 20 $. Il arrivait, à force d'habi-

tude, à reproduire rapidement des petites choses comme ça, tandis que celui qui avait travaillé à faire une pièce d'art pendant deux ou trois mois ne recevait que 10 $. Alors autant faire 20 $ en une semaine. Petit à petit, les Esquimaux perdaient le goût de faire des belles pièces. »

**IMAGES
COOPÉRATIVE**

Mais la coopérative qu'a réussi à implanter à Povungnituk le père Steinman, avec l'aide du gouvernement de la province de Québec et les techniciens du mouvement coopératif de Lévis, a changé la situation économique du village. De la sculpture, on est passé à la lithogravure avec le même bonheur. Femmes et hommes travaillent ensemble dans un atelier commun qui fonctionne sur des bases coopératives. Toutes les gravures, comme les pièces sculptées, sont maintenant acheminées à la Centrale d'artisanat de Québec contre un juste prix. Les meilleures pièces sont triées, évaluées, exposées... alors que de menus objets sans valeur continuent d'inonder les « maisons du cadeau ».

**IMAGES
LA SCULPTURE
DANS LA
COOPÉRATIVE**

Le travail de sculpture est devenu pour l'Esquimau une activité selon son cœur. Cette occupation, quoique récente pour lui, répond à ses aptitudes, à sa mentalité. Par contre, c'est avec répugnance qu'il est parfois devenu mineur; tout aussi

**IMAGES
MAGASIN DE LA
COOPÉRATIVE**

méprisable pour lui est le piégeage: une occupation de femmes, d'enfants, d'Indiens. L'Esquimau qui passe de la chasse à la sculpture reste un homme satisfait. De plus, son revenu en est considérablement augmenté. Quand Paolussie va porter ses statuettes à la coopérative, il obtient un bon prix, proportionné à celui que paiera l'éventuel amateur au Canada ou aux États-Unis. Payé rubis sur l'ongle, cet ancien nomade, grâce à la caisse populaire, greffée au magasin, s'habitue à l'épargne. Il lui faut apprendre à prévoir l'avenir, les saisons maigres. À celui qui a toujours vécu de gibier frais, il est dur de comprendre la joie du compte en banque.

Le magasin de la coopérative offre les mêmes articles ou à peu près que la bicentenaire Compagnie de la baie d'Hudson: épicerie, cotonnades, vêtements pour enfants, mais à des prix très supérieurs à ceux payés dans le «sud»... Un pain: 45 ¢; 10 livres de sucre: 2,50 $; une eau gazeuse: 22 ¢. Il est bien fini le temps où les femmes devaient amollir entre leurs dents la peau de caribou pour en faire les vêtements de la famille.

Pour tenter le chasseur qui sommeille en Paolussie, une série de carabines dernier modèle est en montre. Son père à lui devait troquer un ballot de peaux contre un tel trésor. Le temps du troc est aboli.

Les Esquimaux savent la valeur de leur gibier: baleine, phoque, renard blanc. Est-ce qu'ils saisissent également l'importance d'un mouvement coopératif dans leur milieu?

Entrevue de Paolussie

PAOLUSSIE (traduction par le père Steinman) :
« Il dit que c'est une excellente chose parce qu'il se rappelle du temps où il n'y avait pas de coopérative. Vraiment, c'était beaucoup plus difficile de vivre alors. »

Entrevue du père Steinman

JUDITH JASMIN :
« Est-ce que vous avez pensé que la coopérative, c'était une forme d'éducation ? »
PÈRE STEINMAN :
« Oui, parce que ça les forçait à penser pour eux-mêmes, à prendre leurs problèmes en main. Par exemple, ils ont une forte tendance — comme les enfants, quand ça ne va pas, qui vont pleurer auprès de leur mère ou de leur père — à aller trouver un Blanc pour résoudre leur problème. Parce qu'ils n'ont pas été habitués à faire face à leurs problèmes. Le

seul problème auquel on faisait face c'était la lutte pour la vie : essayer de se mettre quelque chose dans la panse. »

IMAGES EXTÉRIEUR DU BÂTIMENT DE LA COMPAGNIE DE LA BAIE D'HUDSON

D'autres, plus évolués, éprouvent un impérieux besoin de s'enrichir. Depuis deux siècles et demi, la Compagnie de la baie d'Hudson (maison mère à Londres) a établi des comptoirs de traite dans le Grand Nord partout où il se trouvait des chasseurs et des trappeurs. Elle ne se connaît pas de concurrent sérieux.

Bien en vue sur un promontoire, ornée d'un *Red Ensign*, entourée souvent d'une clôture, elle symbolise le négoce qui a fait l'Empire.

Les habitants de Povungnituk ont le choix entre la Compagnie et la coop. Où vont-ils de préférence?

Entrevue de M. Robert

M. ROBERT :
« Je crois qu'on peut dire qu'ils préfèrent venir à la coopérative quand ils trouvent ce qu'ils veulent acheter. »
JUDITH JASMIN :
« Est-ce qu'ils trouvent facilement du choix à la coopérative ? »
M. ROBERT :
« Nous commençons à avoir du choix. Évidemment, ça fait seulement un an que

le magasin de consommation est ouvert, alors nous ne pouvons pas encore avoir le choix qu'ils ont à la Compagnie de la baie d'Hudson. »

JUDITH JASMIN :

« Est-ce que les prix sont sensiblement les mêmes ? »

M. ROBERT :

« Oui, dans certains cas, un peu meilleur marché à la coopérative, dans d'autres cas, il peut y avoir quelques sous de différence. »

JUDITH JASMIN :

« En tout cas, ce n'est pas pour une question de prix qu'ils préfèrent la coopérative. »

M. ROBERT :

« Non, c'est parce que le magasin leur appartient. Ils sont fiers de trouver chez eux ce dont ils ont besoin. »

JUDITH JASMIN :

« Ils ont déjà un esprit coopératif. »

M. ROBERT :

« Définitivement, oui. »

Assemblée de la coopérative

IMAGES
ASSEMBLÉE
DE LA COOPÉRATIVE

Charlie, le secrétaire de la coopérative, ouvre la réunion de l'exécutif, qui se tient à la salle paroissiale du père Steinman, en annonçant aux coopérateurs que « la marchandise est arrivée par le bateau de Québec ». Les étagères du magasin vont être bien garnies; il faudra encourager la coopérative car cette marchandise appartient au peuple. « Si la coopérative devient forte, tous, nous en profiterons, dit-il: si la Compagnie de la baie d'Hudson était seule, elle augmenterait ses prix, comme autrefois. Maintenant elle est obligée de vendre au rabais, mais si la coopérative tombe, elle se rattrapera.»

Le secrétaire parle d'autorité, car il est le gérant du magasin et fustige ceux qui s'endettent: «Il y en a trop qui vivent dans les dettes.» La Compagnie fait crédit juste avant la chasse et oblige ainsi le chasseur à lui vendre ses peaux. «Ne dépensez que le nécessaire», prône Charlie, qui a bien retenu les leçons du père Steinman.

IMAGES ÉGLISE

C'est l'Église anglicane qui est venue la première évangéliser les Esquimaux, il y a plus de cent ans. À Povungnituk, où le père Steinman se dévoue depuis des années, il n'y a pas trois Esquimaux catholiques. En semaine, ils vont chez le père demander conseil et assistance; le dimanche, ils vont au temple pour chanter les hymnes et faire baptiser les nouveau-nés.

IMAGES ÉCOLE

L'école fédérale toute neuve... Elle n'a que quatre ou cinq ans. Dans ces écoles modernes et spacieuses, les enfants s'initient aux sports et au programme d'étude primaire de la province d'Ontario, adopté par le gouvernement fédéral.

En 1957, le gouvernement fédéral, par son ministère du Nord canadien et des Ressources nationales dont dépendent les Esquimaux, décide de doter les régions arctiques d'un système d'écoles primaires. En effet, la civilisation des Blancs grimpait de plus en plus vers le Nord, soit pour la défense, soit en vue de l'exploitation du sous-sol. Bref, l'Esquimau, dont on envahissait le territoire de chasse, devait devenir un citoyen utile, intégré... Autrefois, c'étaient les missionnaires qui faisaient la classe. Ils n'enseignaient ni en anglais ni en français, mais... en esquimau.

Entrevue du père Steinman

PÈRE STEINMAN :
« En esquimau ! C'est pour moi le suprême du ridicule de faire l'école à des enfants dans une langue qu'ils ne comprennent pas. Quand j'étais gosse, si on m'avait fait l'école en chinois, j'aurais rouspété, je me serais dit : " Ils sont fous ! " On commence à parler aux gens dans leur langue. C'est d'une évidence ! »

JUDITH JASMIN :

« Vous savez qu'il y a des remises en question en ce moment parce qu'on leur fait la classe en anglais. Est-ce que vous leur appreniez aussi l'anglais ? »

PÈRE STEINMAN :

« Oui, comme une langue étrangère. Ceux qui leur font la classe en anglais, pour moi, sont des types qui mettent la charrue avant les bœufs. C'est parce que tout simplement il faut avoir un dérangement dans le cerveau pour essayer d'éduquer un enfant dans une langue qu'il ne comprend pas. »

JUDITH JASMIN :

« Est-ce que la langue esquimaude est une langue qui mérite d'être gardée, d'être conservée ? »

PÈRE STEINMAN :

« Pourquoi pas ? Je ne crois pas qu'il y ait une seule langue qui mérite d'être abolie. »

Entrevue de Paolussie

JUDITH JASMIN :

« Est-ce que lui souhaiterait que ses enfants à l'école soient éduqués en anglais ou en esquimau ? »

PAOLUSSIE (traduction par le père Steinman) :

« Il dit qu'il pense que si on leur enseignait dans leur langue, en esquimau, ce serait bien meilleur. Mais malheureusement, il semble qu'actuellement il n'y ait pas moyen de le faire, alors ils acceptent ça. Ils se disent : " Tant pis ! " Mais ils souhaiteraient que ça se fasse en esquimau. »

Entrevue de M. Furneaux

JUDITH JASMIN :
« Est-ce que vous ne craignez pas que leur faire la classe en anglais ou en français ne les fasse douter de leur propre langue ? »
M. FURNEAUX :
« No. I don't think so. There is a difficulty here because so few white men understand and can speak sufficient Esquimau to teach all the children in the schools. But the French language and the English language, modern languages, do explain more truly the rest of the world that we are trying to explain to the Esquimau anyway. But I think it is important that the Esquimau should never lose his own language. »

L'agent fédéral du poste de la Baleine, M. Gillespie, est un tout jeune homme qui cherche comment aider le mieux les Esquimaux à évoluer.

IMAGES
EXTÉRIEUR

Actuellement, le gouvernement distribue des allocations aux mères nécessiteuses, aux familles nombreuses et aux vieillards. En cas de mauvaise chasse, l'agent peut donner des bons d'huile et de nourriture échangeables à la Compagnie de la baie d'Hudson. Il ne faut pas

IMAGES
INTÉRIEUR
DE L'HÔPITAL

oublier l'important service de santé: infirmières, dispensaires, hôpitaux... qui a aidé à sauver les races aborigènes du Canada de l'extinction prédite par les statistiques au début du siècle.

Depuis peu, le gouvernement de la province de Québec est présent dans le Grand Nord, bien que d'une façon modeste.

IMAGES
COURS
D'ESQUIMAU

Sa conception de l'aide aux Esquimaux diffère un peu de celle de l'administration fédérale. À Ottawa, on serait un tantinet paternaliste. À Québec, sous l'influence de plusieurs ethnologues, on serait progressiste. Première manifestation de cet esprit: les fonctionnaires du Québec dans le Grand Nord apprennent l'esquimau obligatoirement...
La juridiction sur les Esquimaux est encore débattue sur la scène politique. On peut se demander ce qu'en pense l'Esquimau, le premier concerné...

Entrevue de Benoît Robitaille

BENOÎT ROBITAILLE :
« Dans le territoire du Nouveau-Québec, l'attitude des Esquimaux pose des difficultés, il faut bien le dire. Mais est-ce que c'est vraiment très profond chez les Esquimaux, cette attitude anti-Québec ? Moi, personnellement, je crois que si les Esquimaux sont anti-Québec à l'heure actuelle, c'est à cause du gouvernement fédéral, des fonctionnaires qui leur donnent des allocations de subsistance. »

JUDITH JASMIN :
« Ils ont peur de perdre ces subventions avec le changement de pouvoir ? »

BENOÎT ROBITAILLE :
« Ils touchent des subventions, des allocations d'aliments (ce qu'on appelle ici un *relief*) que le fédéral leur distribue par l'entremise de la Compagnie de la baie d'Hudson, évidemment. »

JUDITH JASMIN :
« Mais si ce *relief* était donné par les autorités de la province de Québec ? »

BENOÎT ROBITAILLE :
« Ça pourrait changer du jour au lendemain. C'est ce que les Esquimaux reprochent au gouvernement provincial : dans les années trente il y en a plusieurs qui crevaient de faim littéralement, mais le gouvernement du Québec n'aurait pas

voulu les aider alors que le gouvernement fédéral ne pouvait pas les aider non plus. »

Judith Jasmin :

« Est-ce que maintenant vous croyez que le gouvernement du Nouveau-Québec est prêt, à prendre la relève en ce qui concerne, par exemple, les Esquimaux ? »

Benoît Robitaille :

« À Québec, on se trouve prêt, mais lorsqu'on se trouve prêt, on pense qu'il faudra embaucher une partie du personnel du fédéral. Pour que certains connaissent bien les Esquimaux, du moins au début. »

Entrevue du père Steinman

Père Steinman :

« Il faut que tous les Blancs, dans leur domaine, agissent en laissant à l'Esquimau l'initiative : en marchant avec l'Esquimau, mais pas devant lui. C'est comme un enfant, on ne peut pas le faire marcher en lui tenant la main tout le temps ; il faut la lui lâcher pour qu'il marche tout seul. Il faut que nous tous, Blancs, quel que soit notre rôle, nous sachions nous retirer à un moment donné. Même si l'Esquimau rate, il faudra qu'il rate pour apprendre. »

**IMAGES
GOÉLETTE**

Nanook, l'homme au kayak qui s'en allait seul à la pêche, entre maintenant dans la légende. Un groupe de pêcheurs qui s'unissent et achètent ensemble une goélette... voilà une réalité d'aujourd'hui; c'est l'image de ce monde esquimau qui est en pleine évolution et qui s'avance au-devant de l'homme blanc.

Mais c'est en se groupant, en s'unissant, en coopérant... que les Inuit, les hommes du Nord, pourront le mieux triompher des embûches du monde moderne, en tirer le meilleur parti possible.

D'autre part, quelle que soit la bonne volonté de l'homme blanc, qu'il vienne d'Ottawa ou de Québec, l'important est d'aider l'Esquimau intelligemment; l'aider à devenir membre de notre société demande un peu plus que de l'argent: il y faut une compréhension d'homme qui en respecte un autre. Nanook fait partie maintenant de notre univers; il s'appelle Paolussie. Puisse-t-il vivre heureux en restant lui-même.

LES INDIENS DU QUÉBEC

Reportage diffusé à l'émission **Champ libre,**
à la télévision de Radio-Canada, le 16 janvier 1965

IMAGES
FORÊT

Telle que Cartier la découvrit il y a quatre cents ans, compacte, trouée de lacs, découpée de rivières, monotone à force d'immensité, la forêt canadienne se déroule sous les ailes de l'avion. De l'Abitibi au lac Mistassini, de Chibougamau au lac Saguenay, de Schefferville à la lointaine Côte-Nord, des paysages semblables vont se répétant : c'est le Québec, une section de ce pays-continent.

En apparence seulement, la forêt est inhabitée, inhospitalière. Depuis des mil-

IMAGES
FORÊT

lénaires, des hommes y vivent à l'aise, adaptés, tirant parti d'elle. L'Indien de l'Est, qu'il soit de la grande famille algonquine, Cri ou Huron, y est chez lui. Pourtant cette forêt giboyeuse trahit peu à peu le chasseur. Le Blanc l'a tailladée, dévastée ; y a construit des villes minières, souillé les rivières et les lacs. Vivre de la forêt devient aléatoire. Les plus irréductibles, ceux qui ont toujours dit non à la civilisation des Blancs, savent que leurs enfants, pour survivre, devront changer.

Sur les 22 000 Indiens du Québec, un tiers vit encore de la forêt. Ils sont en voie d'adaptation plus ou moins rapide, selon les régions. Le plus grand nombre d'Indiens habitent cependant des réserves situées non loin des centres urbains. Ceux-là ont accepté la vie des Blancs. Mais, pour ceux qui vivent encore de la chasse en forêt, est-il vraiment si difficile de quitter une vie nomade qui ressemble plus à la misère des bidonvilles qu'à la fière liberté des ancêtres ? Est-ce qu'ils se sentent si différents du Blanc dans leur façon d'être, leur caractère ?

*Entrevue du père Maurice Grenon
(sur le caractère des Indiens)*

PÈRE MAURICE GRENON :
« Ils n'apprécient pas les mêmes valeurs que nous. Ils n'ont pas la même façon de s'exprimer. C'est toute une civilisation différente. Pour un Occidental, pour un Blanc, c'est difficile de comprendre l'Indien, comme pour l'Indien c'est difficile de comprendre un Blanc. »

Si l'Indien est différent du Blanc, n'est-ce pas parce qu'il ne connaît pas mieux que son dénuement traditionnel ? Ou bien sa civilisation ne lui a-t-elle pas proposé une échelle de valeurs que nous, nous n'estimons propre qu'à la pénitence des carêmes ?

PÈRE MAURICE GRENON :
« L'Indien se contente de peu, il se contente de ce qu'il a. Il ne cherche pas à accumuler des objets, il prend la vie, les choses facilement. Il sait vivre. Il est près de la nature : il en suit les mouvements. Si la température est mauvaise, il reste dans sa tente, il ne fera pas d'efforts pour aller travailler et avoir de la difficulté. Il prend la vie comme elle se présente. Il a une très grande patience. L'Indien est aussi toujours de bonne humeur, de caractère égal.

JUDITH JASMIN :

« Est-ce qu'il s'habitue à l'idée de gagner de l'argent ou est-ce que ça lui reste encore étranger ? »

PÈRE MAURICE GRENON :

« La mentalité indienne est une mentalité de chasseur : gagner de l'argent, c'est pour vivre, mais pas pour accumuler. Le chasseur qui a faim va tuer un orignal qu'il apporte à la maison ensuite. Tant qu'il y a de la viande à manger, il n'ira pas en tuer un deuxième. Il conçoit le travail de la même façon. Il va travailler pendant une semaine, quinze jours, puis il reçoit de l'argent comme salaire, et il arrête de travailler. »

**IMAGES
ROUTE**

Non loin de la route qui relie Senneterre à Chibougamau, des familles d'Indiens nomades se sont installées à proximité de leur territoire de chasse. Nous sommes allés les voir. De la route, leur campement avait l'air de chalets d'été ; en fait, ils y passent l'hiver.

**IMAGES
EXTÉRIEUR
DES TENTES**

Les hommes étaient à la chasse ; ils guidaient des touristes. Les plus jeunes à l'école. Seules les femmes et les jeunes filles étaient au logis. On nous reçut avec la meilleure grâce du monde, comme du temps de Champlain.

**IMAGES
TENTES**

De quoi vivent-ils ? De quelques allocations destinées aux enfants et aux vieillards. En saison, le père guide et chasse.

IMAGES EXTÉRIEUR DES TENTES

« Les sauvages, dit un témoin de jadis, généralement parlant, tant hommes que femmes, sont fort bien faits. Il y a des femmes et des filles fort belles et agréables tant en la taille, la couleur, qu'aux traits du visage. On en voit peu parmi eux qui aient des défauts de nature, comme d'être borgnes, bossus, boiteux, à moins qu'il leur soit arrivé un accident. »

IMAGES RÉSERVE

Pour aller à Obedjiwan, à 150 milles au nord de Senneterre, il faut louer un hydravion, car il n'y a ni route ni vol régulier. La réserve est parfaitement isolée du monde blanc. En fait, d'après le père Morin, missionnaire, nous sommes les premiers journalistes à pénétrer dans la réserve d'Obedjiwan. Cinq cents Indiens (Algonquins mélangés de Cris) y vivent, installés sur une pointe du lac...

IMAGES RIVES DU LAC

L'arrivée d'un avion est toujours saluée d'un grand concours d'enfants et de curieux. Le courrier est irrégulier ; les lettres mettent parfois quinze jours à parvenir à Obdejiwan. Les familles qui, autrefois, suivaient le chasseur en forêt, ont accepté de s'imposer ce sacrifice : vivre séparés. Le chasseur part seul ; la femme reste à la maison, les enfants vont à l'école. C'est ainsi, leur a-t-on dit, que l'on devient semblable aux Blancs.

IMAGES RÉSERVE

La réserve est une sorte d'enclos où l'Indien est légalement chez lui. Les terres et propriétés d'une réserve ne peuvent être ni vendues ni taxées. Elles ont été concédées définitivement aux aborigènes du Canada par le traité de 1876. La bande vit ainsi en marge des grands courants et, à ce titre, on peut se demander si la réserve ne paralyse pas l'évolution de l'Indien.

Entrevue du père Maurice Grenon (sur l'historique des réserves)

PÈRE MAURICE GRENON :
« Je crois qu'au point de vue historique les réserves ont été une bonne chose parce que, à mesure que les Blancs envahissaient le pays, il fallait au moins un territoire réservé aux Indiens pour continuer leur vie de chasseur et de pêcheur. Je crois que là où nous avons manqué, c'est que les réserves indiennes n'ont pas été assez développées au point de vue économique et social. »
JUDITH JASMIN :
«Elles sont restées séparées complètement du monde des Blancs ?»
PÈRE MAURICE GRENON :
« Oui. »

IMAGES
RÉSERVE

« Ils ont beaucoup d'affection pour leurs enfants, mais ils n'usent d'aucune discipline car ils ne les corrigent pas eux-mêmes ni ne permettent à d'autres de le faire », observaient les auteurs des *Relations des Jésuites* en 1610. Or, il semble que cette coutume n'ait pas changé : les enfants très nombreux... sont les petits rois de la famille ; une famille qui, maintenant, s'abrite sous un vrai toit.

L'INDIEN DUBÉ :
« On l'aime bien, la petite maison qu'on a dans notre village. Mais parfois on couche dans la tente à côté de la maison pour se souvenir de l'ancien temps. »

IMAGES
RÉSERVE

Relations dit encore : « S'il n'y avait point de Français en Canada, nous aurions autant de saints en notre mission que nous avons de chrétiens... Ces Sauvages qui prennent si peu de la civilisation européenne ont fait voir qu'ils pouvaient s'adapter aux plus hautes formes de la religion chrétienne. »

IMAGES
PRÉPARATION
À LA CHASSE

Quand Dubé part ainsi à la chasse, il est le maître de son destin. Mais son fils, qui va à l'école, ne sait pas chasser. Que fera-t-il plus tard ? Pour Dubé, un Indien qui ne sait pas chasser est un infirme. Un Indien déraciné devient journalier, chômeur, pupille du gouvernement.

Y a-t-il d'autres solutions pour les 50 000 jeunes qui vont à l'école et qui représentent le quart de la population indienne du Canada ? Que fait pour eux le gouvernement central qui a pleine juridiction sur les Indiens à l'exclusion des provinces ?

Entrevue de Claude Desjardins

CLAUDE DESJARDINS :
« La politique du gouvernement actuellement est d'amener les Indiens à se gouverner eux-mêmes, le plus tôt possible. »
JUDITH JASMIN :
« Est-ce que vous prenez en ce moment des mesures pour les amener à ça ? »
CLAUDE DESJARDINS :
« On prend toutes les mesures possibles. »
JUDITH JASMIN :
« Lesquelles, par exemple ? »
CLAUDE DESJARDINS :
« On forme un conseil qui se réunit tous les mois, qui fait des demandes au gouvernement, qui essaie de résoudre les problèmes des Indiens, qui essaie de comprendre la manière de travailler du gouvernement. »
JUDITH JASMIN :
« Ce conseil est élu ? »
CLAUDE DESJARDINS :
« Il est élu pour deux ans, d'après la loi des Indiens. »
JUDITH JASMIN :
« Quelles sont les suggestions que ce

conseil d'Indiens propose au gouvernement ? »

CLAUDE DESJARDINS :

« La première demande que j'ai eue, c'est l'eau courante dans les maisons. Actuellement, il n'y en a pas. Nous avons travaillé sur ce projet pendant quatre ans. Cette année, un contracteur est venu creuser un puits. L'été prochain, il y aura probablement de l'eau dans les maisons des Indiens. »

**IMAGES
EXTÉRIEUR**

Un conseil de village qui, depuis quatre ans, essaie d'obtenir un système d'eau et d'égouts dans un pays qui se targue d'occuper la troisième place quant au standard de vie de ses habitants, il faut avouer que ce n'est pas très reluisant... Cependant, au crédit de cette administration, il faut placer un certain nombre de réalisations. À même les crédits budgétaires, la direction des Affaires indiennes a constitué un fonds d'emprunt dit « Caisse renouvelable », qui sert à des fins agricoles ou à l'achat de bateaux de pêche. Traditionnellement, l'Indien n'a pas accès aux institutions de prêts ordinaires ; il ne peut s'endetter qu'à la Compagnie de la baie d'Hudson. Le gouvernement a consacré plus de la moitié du budget total destiné aux Indiens à leur éducation.

IMAGES
HÔPITAL

IMAGES
ÉCOLE

Ce budget était en 1962 de 50 millions de dollars, soit 250 $ par Indien. C'est le prix de notre loyer pour l'occupation du Canada...

Au chapitre de la santé, les résultats sont encourageants. Dans chaque réserve, à défaut de médecins, des infirmières vaccinent, donnent des conseils aux mères, améliorent l'hygiène générale. La mortalité infantile a diminué, les épidémies de jadis sont enrayées ; la tuberculose, sous contrôle, reste cependant la maladie la plus fréquente chez les Indiens.

À l'école, les enfants des nomades découvrent avec étonnement un monde bien différent de leur forêt...

Enfants chantent et piaillent

Entrevue du père Maurice Grenon (sur l'adaptation des Indiens et sur l'éducation)

PÈRE MAURICE GRENON :

« Bien que notre milieu soit tellement différent de leur milieu familial, le jeune Indien s'adapte rapidement : il peut, dans une semaine, quinze jours prendre le mode de vie du pensionnat et suivre les autres. Ils ont un frère, une sœur plus âgés qu'eux qui viennent loger au pensionnat. Ils suivent les autres et il n'y a pas trop de difficulté. Mais il faut aussi avoir un règlement peut-être un peu plus large que les institutions faites seulement pour les Blancs, pour donner à l'Indien un peu plus de liberté, lui donner l'occasion d'aller en forêt faire un pique-nique, par exemple. Il faut s'adapter nous aussi à eux. »

**IMAGES
COUR DE
RÉCRÉATION
DU PENSIONNAT**

Au pensionnat indien de Saint-Marc, près d'Amos, 190 enfants, filles et garçons, font leurs études primaires en français jusqu'à la huitième année. Leurs parents sont des nomades. Ils chassent ou piègent autour de Miquelon ou de Waspanipi. Dans ce collège équipé et subventionné par le gouvernement fédéral, des religieux oblats et des sœurs de Saint-François-d'Assise font la classe selon le programme scolaire du Québec. Les enfants reçoivent un enseignement adapté qui leur permet d'apprendre une langue seconde rapidement : le français ou l'anglais selon le choix des parents. Dans la province de Québec, la majorité des Indiens choisit le français ; le nombre des francophones augmente. Ainsi, récemment, plusieurs écoles sont passées de l'anglais au français. Ceux qui veulent aller au secondaire s'enregistrent dans des institutions des grandes villes, à proximité de leur réserve, le pensionnat restant pour eux la maison d'accueil.

Des bourses sont accordées à ceux qui veulent poursuivre leurs études dans des écoles techniques ou à l'université. Mais les enfants, une fois instruits, retournent-ils volontiers dans la réserve ? Ou bien oublient-ils très vite ce qu'ils ont appris parmi les Blancs ?

Entrevue du père Maurice Grenon

PÈRE MAURICE GRENON :
« Je crois qu'il prend des habitudes qu'il va suivre toute sa vie. Je ne dis pas que l'Indien qui est passé par le pensionnat et qui a fait des études secondaires, a appris un métier, ne pourra pas retourner dans sa réserve. J'espère même que la majorité y retournera pour développer la réserve au point de vue économique et social. »

Entrevue d'Alain Nepton
(sur l'instinct indien et l'appel de la forêt)

ALAIN NEPTON :
« L'appel de la forêt, je n'ai pas été capable d'y résister. »
JUDITH JASMIN :
« Vous avez fait votre cours classique à Roberval ? »
ALAIN NEPTON :
« Oui, au séminaire des pères maristes. »

JUDITH JASMIN :

« Jusqu'au baccalauréat ? »

ALAIN NEPTON :

« Non, seulement jusqu'en belles-lettres. »

JUDITH JASMIN :

« Et puis vous vous êtes arrêté ? »

ALAIN NEPTON :

« Oui, je préférais retourner dans la forêt. Je suppose que j'ai un instinct indien qui me remonte à la tête. »

IMAGES ASSEMBLÉE DU VILLAGE

« Je puis dire, écrit le père LeJeune, que les sauvages passionnés pour le jeu l'emportent sur nos Européens. Les pailles sont pour eux ce que les cartes sont pour nous... » Depuis, ils ont abandonné les pailles, mais non le goût du jeu... Si, autrefois, les Indiens avaient des chants et des danses à eux, accompagnés de battements de tambour, tout cela est bien fini et ne survit qu'au music-hall. À Obedjiwan comme chez tous les nomades que nous avons rencontrés, les airs de cow-boys grattés à la guitare n'ont pas de rivaux... Ces jeunes Indiens aspirent-ils à changer de statut ? À devenir des Blancs légalement ? Nous avons posé cette question à une Canadienne française qui a épousé un Indien et qui, à ce titre, vit à la réserve de Pointe-Bleue, au lac Saint-Jean : Mme Nepton.

Entrevue de Mme Nepton

MME NEPTON :

« L'Indien est Canadien avant tout. Il dit : "Le Bon Dieu m'a fait Indien, je reste Indien", comme le Chinois reste Chinois. Mais c'est un Canadien. Après tout c'est le premier qui était au Canada. Il ne veut pas être intégré aux Canadiens, parce qu'il l'est déjà : il était même là avant eux. »

JUDITH JASMIN :

« Est-ce que ça ne vexe pas les Indiens de dépendre d'un ministère de l'Immigration comme s'ils n'étaient pas des Canadiens ? »

MME NEPTON :

« Oui, beaucoup. »

JUDITH JASMIN :

« Est-ce que certains passent des réflexions ? »

MME NEPTON : « Ils disent qu'ils sont perchés sur une branche, celle des Affaires indiennes. C'est toujours mieux qu'être mis de côté. »

IMAGES EXTÉRIEUR DE L'ÉGLISE

Dimanche, à Obedjiwan. Tous les Indiens qui ont d'abord été en contact avec des pères missionnaires sont catholiques ; ils sont la majorité au Québec. Ceux qui ont connu d'abord des évangélisateurs protestants ont adopté cette religion.

Le père Morin sonne la cloche pour la deuxième messe. Sa chapelle est pleine à chaque office, car ses ouailles vont aux deux messes : il est vrai que les distractions sont rares à Obedjiwan. Le père Morin ajoute que ses paroissiens sont simples comme des enfants et d'une patience inconnue des Blancs. Pour l'agent fédéral, qui s'occupe des corps, le problème est plus complexe, semble-t-il...

Entrevue de Claude Desjardins (sur la période de transition)

JUDITH JASMIN :
« Est-ce que (actuellement vous êtes dans une période de transition) l'Indien s'intègre, à votre point de vue, facilement à la vie des Blancs ou s'il la refuse ? »

CLAUDE DESJARDINS :
« Je ne crois pas qu'il la refuse ; il la désire. Toutefois il désire conserver son statut indien, sa langue. Ici, à Obedjiwan, les vieux Indiens n'endurent pas qu'un jeune parle français, par exemple. Ils acceptent qu'il aille à l'école, mais pas que les jeunes parlent français entre eux. C'est une période de transition qu'ils doivent accepter, pour avoir les avantages de la culture des Blancs. »

JUDITH JASMIN :

« Ils aspirent vraiment à vivre comme un Blanc ? »

CLAUDE DESJARDINS :

« Oui et non. C'est moins le désir de vivre comme les Blancs que celui d'avoir ce que le Blanc possède. »

JUDITH JASMIN :

« Mais s'il y avait du travail, comme dans une ville ordinaire (pas une réserve où il n'y a pas d'industrie), est-ce qu'ils iraient facilement vers une usine, vers une manufacture ?

CLAUDE DESJARDINS :

« Je crois que oui, il y aurait certainement une certaine adaptation, mais ce serait acceptable. Toutefois, l'Indien est un chasseur qui est accoutumé à des endroits périodiques et il change d'une saison à l'autre. »

**IMAGES
INDIENS
CONSTRUISANT
UNE MAISON**

L'Indien ne connaît pas le vertige, surtout l'Iroquois qui s'est taillé, grâce à cette faculté, une réputation qui s'est étendue jusqu'aux États-Unis. C'est pourquoi il est appelé à travailler sur les charpentes d'acier de construction en hauteur : gratte-ciel, ponts suspendus... Les maisons d'Obedjiwan, fournies par le gouvernement, sont montées et finies par les nouveaux propriétaires devenus charpentiers et menuisiers.

IMAGES
ENFANTS
JOUANT
AU BALLON

La direction des Affaires indiennes a organisé des programmes d'éducation pour les adultes afin de préparer les chasseurs à une vie semi-urbaine. En quelques endroits privilégiés, il existe des centres de formation professionnelle. En 1957, on créait un programme de placement pour Indiens. On essaie de leur trouver du travail permanent ; on insiste sur la qualité d'une main-d'œuvre qualifiée. Certains chefs d'entreprise collaborent. Ainsi, à la mine d'Opemiska, à Chapaix, le gérant fait partie d'une association pour l'avancement des Indiens. L'Indien qualifié est accepté à la mine, aux mêmes conditions qu'un Blanc : salaire, permanence, logement... Le fait est à signaler, car il existe, en plein Québec, en 1965, de la discrimination dans l'emploi et le logement vis-à-vis des Indiens.

Le gouvernement encourage également les Indiens à se tourner vers l'agriculture. À Obedjiwan, l'agent a aidé quelques familles à cultiver un champ de pommes de terre. Il a fourni les semences et les conseils. Puisque l'écart est de plus en plus grand entre la réserve et le milieu des Blancs, on peut se demander s'il ne faudrait pas tout simplement supprimer les réserves.

Entrevue du père Maurice Grenon
(sur le gagne-pain dans les réserves)

PÈRE MAURICE GRENON :

« Je ne crois pas qu'il faut abandonner les réserves, mais il faudrait plutôt les développer au point de vue économique, pour que l'Indien puisse gagner sa vie dans les réserves. La plupart d'entre elles ne sont pas assez riches au point de vue de la chasse et de la pêche. L'Indien a besoin d'autres choses pour gagner sa vie et nourrir sa famille. Il faudrait que dans les réserves il y ait un gagne-pain pour les Indiens. Des industries, par exemple. Au point de vue social, c'est la même chose : il faudrait qu'il y ait des organisations sociales comparables à nos organisations de village. »

JUDITH JASMIN :

« Mais la loi permet-elle l'établissement d'une industrie sur une réserve ? »

PÈRE MAURICE GRENON :

« Je crois que, selon la loi des Indiens, un Blanc n'a pas l'autorisation de partir une industrie sur une réserve. Mais je crois bien que le gouvernement fédéral pourrait faire des exceptions et encourager cela. Ou qu'il parte lui-même quelque chose. Et je crois qu'actuellement c'est un peu la tendance avec le développement communautaire. Le gouvernement veut développer les réserves indiennes pour qu'elles deviennent un milieu viable pour l'Indien. Je crois bien que dans dix, quinze ans, ces villages pourront devenir comparables à nos villages de Canadiens français. »

JUDITH JASMIN :

« Vous dites par exemple : " développer des industries ou des commerces sur la réserve ". Est-ce que ce serait aussi avec la participation des Blancs ? »

PÈRE MAURICE GRENON :

« Certainement. Il faut des travailleurs sociaux, des techniciens, des Blancs qui étudient la situation d'une réserve, voient quelles sont les possibilités pour ensuite intéresser les Indiens. Il ne faut pas que ces suggestions soient faites sans que les Indiens le sachent, parce que s'ils ne sont pas intéressés en quelque chose, c'est inutile d'insister. »

JUDITH JASMIN :

« Est-ce que l'Indien est prêt à accepter ce nouveau genre de vie, c'est-à-dire à se plier à la discipline ou aux duretés de vie d'une industrie ? »

PÈRE MAURICE GRENON :

« Je crois que, pour commencer, il faudra avoir un industriel qui soit compréhensif, mais je crois que les Indiens, surtout les jeunes qui sont passés par l'école, qui ont des habitudes de régularité, pourraient s'adapter assez facilement. Et nous avons des exemples actuellement, même parmi les adultes. Voyant qu'ils ne peuvent pas vivre de chasse et de pêche, ceux-ci vont travailler dans les chantiers et, parfois, ils sont assez persévérants. Mais la difficulté, c'est que lorsqu'ils ont gagné un peu d'argent, ils reviennent à la réserve et vivent avec l'argent qu'ils ont gagné, abandonnent leur ouvrage. Ils ne sont pas très persévérants à ce point de vue. »

Entrevue de Mme Nepton

JUDITH JASMIN :
« Est-ce que les Indiens travaillent à Roberval ? »
MME NEPTON :
« Quelques-uns travaillent à Roberval dans une scierie. Mais les autres préfèrent aller dans la forêt, à la chasse, à la pêche, guider les touristes. »
JUDITH JASMIN :
« Est-ce que c'est vraiment parce qu'ils préfèrent ou parce qu'ils ne peuvent pas faire autre chose ? »
MME NEPTON :
« Parce qu'ils préfèrent. C'est leur vie d'autrefois. Ils connaissent la forêt, les secrets de la chasse, de la pêche. Ce sont là leurs plus grandes aptitudes. »
JUDITH JASMIN :
« Alors quand on dit qu'un Indien vit dans la réserve, est-ce qu'il vit contre son gré dans la réserve ? »

Mᴍᴇ Nᴇᴘᴛᴏɴ :

« Non. Il aime beaucoup vivre dans la réserve, parce qu'il s'y sent chez lui. »

**IMAGES
VUES GÉNÉRALES
DE LA RÉSERVE
DE POINTE-BLEUE**

Pointe-Bleue, à quelques milles de Roberval, est un petit village du lac Saint-Jean en apparence tout semblable à ses voisins. Il s'agit d'une réserve évoluée, de celles qui se trouvent à proximité des centres urbains. Les Indiens de Pointe-Bleue ont depuis longtemps adopté des façons de vivre analogues à celles des Blancs.

À Pointe-Bleue, les Blancs n'ont pas le droit d'ouvrir un commerce, à l'exception d'une compagnie qui jouit depuis trois cents ans d'un monopole en milieu indien et esquimau : celui de commercer, prêter, échanger « peau pour peau » selon sa devise : il s'agit de la très notoire Hudson Bay Company de Londres. À Pointe-Bleue, très visitée en été par les touristes car les abords du lac sont agréables et les gens accueillants, la Baie va ouvrir un motel et une cafétéria. Les Montagnais sont en ébullition ; le petit commerçant local qui ne peut obtenir de crédit à la banque trouve la partie inégale.

Entrevue de Mme Nepton

MME NEPTON :

« Naturellement, l'Indien préférerait aller acheter ses biens de consommation dans un magasin qui est tenu par des Indiens. Le commerçant indien ne peut pas autant fournir une aide financière parce qu'il n'a pas la même marge de crédit que la Compagnie de la baie d'Hudson. »

JUDITH JASMIN :

« Est-ce que ça veut dire que la Compagnie de la baie d'Hudson fait du crédit aux Indiens ? »

MME NEPTON :

« Oui, beaucoup. C'est comme ça qu'elle s'assure la fidélité de ses clients. »

JUDITH JASMIN :

« Est-ce que l'Indien est conscient de cela ? »

MME NEPTON :

« Oui. Même s'il essaie de réagir, les dirigeants ne s'occupent pas beaucoup de lui. Comme toujours, l'Indien doit se taire. »

**IMAGES
BÛCHERONS
DANS LA FORÊT**

La forêt, qui a nourri l'Indien si longtemps, lui vient encore en aide, à condition qu'il se fasse bûcheron. Le travail à la chaîne ou en équipe, les camps de bûcherons font partie de la vie quotidienne de plusieurs Indiens qui abandonnent peu à peu la vie de chasseur. Mais ils ne quittent pas pour autant la réserve, où ils retournent en fin de saison. Au camp, ils vivent entre eux et sont taciturnes, notent leurs camarades. Au ministère de la Chasse et de la Pêche, on s'attendrait à les trouver nombreux en tant que spécialistes, conseillers, directeurs de clubs de chasse, organisateurs de parties de pêche... Jusqu'à présent, ce débouché naturel leur est fermé. D'autres vont à la ville minière, trouvent un emploi et font venir leur famille auprès d'eux. Le couple indien est très uni et souffre de la séparation. S'adaptent-ils à cette nouvelle vie, sont-ils des ouvriers stables?

Entrevue du père Joseph Cyr

PÈRE JOSEPH CYR :

« Au début, les Indiens étaient habitués à la chasse et à la pêche. On considérait que le travail était un passe-temps pendant l'été pour gagner du tabac, des cigarettes, et même pour gagner un peu d'argent pour se préparer et partir à l'automne. Un certain nombre des Indiens qui travaillaient ici ne désiraient pas du tout rester à l'automne : même si la Compagnie avait besoin d'eux, ils retournaient dans la forêt. Avec l'expérience, ils se sont aperçus que ceux qui sont demeurés au travail des Blancs font une vie beaucoup plus régulière, beaucoup plus intéressante que la vie de chasse et de pêche qui est toujours aléatoire, d'ailleurs. »

JUDITH JASMIN :

« Il y a donc un changement ? »

Père Joseph Cyr :

« Actuellement, on peut dire que tous les Indiens qui demeurent au village de Schefferville voudraient avoir un travail stable. »

IMAGES RÉSERVES

Quand l'Indien quitte sa réserve parce qu'il n'y a ni industrie, ni entreprise, ni possibilités de travail, il s'en va vers le monde blanc pour y gagner sa vie et celle de sa famille ; il s'installe généralement au pourtour des villes minières où trouvent à s'embaucher des centaines d'ouvriers dont beaucoup de Néo-Canadiens.

IMAGES INDIENS

Dès ce moment, l'Indien échappe à l'aide paternelle du gouvernement. Seul, sans instruction, sans métier, connaissant peu ou pas du tout l'anglais, il essaie de se trouver du travail et de se loger. Il devient journalier, chômeur le plus souvent.

IMAGES MAISONS DU VILLAGE DE SCHEFFERVILLE

C'est ainsi qu'à Schefferville est né ce chancre, semblable à une barriada d'Amérique du Sud : un dépotoir indien, à un mille de la ville minière la mieux peignée, la mieux construite du

Nouveau-Québec. À côté des 500 Montagnais venus de la réverve de Sept-Îles pour travailler à Schefferville, le gouvernement a relogé dans des maisonnettes convenables 200 Cris déplacés de Fort Chimo. Ainsi, deux groupes, l'un catholique francophone, l'autre anglican anglophone, se sont habitués à vivre côte à côte dans un dénuement inégal.

Entrevue du père Joseph Cyr

PÈRE JOSEPH CYR :
« Pour les Indiens qui sont ici depuis toujours, il n'y a absolument rien de fait de la part du gouvernement fédéral pour les aider à se construire une maison. Ils vivent dans des petites cabanes qu'ils se sont construites eux-mêmes avec des planches qu'ils ont trouvées au dépotoir de la Compagnie. »

JUDITH JASMIN :
« Est-ce que la province de Québec, même si ce n'est pas son rôle tout à fait, n'aurait pas pu faire quelque chose à ce point de vue-là ? »

PÈRE JOSEPH CYR :
« C'est le gouvernement du Québec qui a cédé les terres qui appartenaient depuis toujours aux Indiens. C'est la province de Québec qui les a cédées aux compagnies minières. Autant que je sache il n'y a eu

aucune compensation. Ici, vous avez sur la réserve une communauté qui n'a pas les services communautaires, des services qui ne relèvent pas de l'individu, par exemple, mais qui relèvent de la communauté, comme organiser les égouts, l'eau, les chemins. »

JUDITH JASMIN :

« Vous n'avez pas d'eau, par exemple ? Vous avez celle des lacs. »

PÈRE JOSEPH CYR :

« On a celle des lacs, mais ils sont pollués. Depuis une dizaine d'années, les déchets humains vont directement aux lacs parce qu'il n'y a pas d'égout. Le bord des lacs est pollué. »

**IMAGES
CAMION-CITERNE**

Un camion-citerne passe chaque jour, livrant, vendant de l'eau aux Indiens. Prix : 10¢ le gallon. Ce commerce étonnant a été mis sur pied par un Blanc de Schefferville. (Le produit initial ne coûte rien : on remplit la citerne à même le réservoir de la ville.)

**IMAGES
EXTÉRIEUR**

La loi interdit la vente d'alcool aux Indiens. Historiquement, à l'arrivée des Blancs, les Indiens du Canada, contrairement à presque tous les primitifs, ne connaissaient pas la fabrication de l'alcool. L'eau de feu, jadis, a fait des ravages qu'ont violemment dénoncés les missionnaires.

Quatre cents ans plus tard, les Indiens, non encore immunisés, supportent toujours très mal l'effet toxique des breuvages alcoolisés. Pourtant, la contrebande existe dans les réserves. Des Blancs sans scrupules vendent jusqu'à 25 $ une douzaine de bouteilles de bière aux Indiens qui veulent célébrer un mariage ou une fête. Sa journée faite, la dernière goutte d'eau vendue, le Blanc rentre chez lui de l'autre côté du lac.

Entrevue du père Joseph Cyr

JUDITH JASMIN :
« J'ai entendu dire par des personnes à Schefferville : " C'est bien beau vouloir intégrer les Indiens, mais il faut qu'ils s'améliorent eux-mêmes, moi je ne vivrais pas à côté d'un Indien parce qu'il est sale. " Qu'est-ce que vous en pensez, père Cyr ? »
PÈRE JOSEPH CYR :
« Je vis à côté des Indiens et, actuellement, ils n'ont pas les facilités d'eau, d'égouts qu'ils devraient avoir. Mais mettez-les dans une maison à côté d'une maison de Blancs et avec les mêmes facilités et je vous garantis qu'ils sont aussi propres, peut-être plus que certains Blancs. Vous pouvez visiter vous-même

ici, malgré ce manque de service, vous verrez que certaines personnes ici se tiennent très propres. »

Nous sommes allés chez Mme Gabriel. Son mari est journalier à la mine ; elle a quatre enfants. Elle ne nous attendait pas et, devant nous, a préparé le dîner de la famille. Disons qu'il y a des préjugés qui sont bâtis à coups d'ignorance ou de rapports inexacts.

Entrevue de Mme Gabriel

JUDITH JASMIN :
« Ici, votre mari a du travail ? »
MME GABRIEL :
« Oui, ça fait un an qu'il travaille pour la Compagnie. »
JUDITH JASMIN :
« Par contre, vous n'avez pas de maison confortable. »
MME GABRIEL :
« Non. Ici, c'est très cher pour vivre, manger et même habiller quatre enfants. »
JUDITH JASMIN :
« Par exemple le lait, c'est combien ? »
MME GABRIEL :
« Trente-neuf sous la pinte. »
JUDITH JASMIN :
« Ce qui vous manque le plus, c'est l'eau, les égouts. »

MME GABRIEL :
« Oui. »
JUDITH JASMIN :
« En dehors de ces conditions de vie, est-ce que vous acceptez facilement de vivre ici ou vous aimeriez mieux aller vivre ailleurs ? »
MME GABRIEL :
« J'aime mieux ici, parce que ça fait longtemps que j'y suis. »
JUDITH JASMIN :
« Si on vous offrait d'aller vivre en ville, à Montréal ou à Québec ? »
MME GABRIEL :
« Non, j'aime mieux ici. Je m'ennuierais ailleurs. »
JUDITH JASMIN :
« Pourquoi ? »
MME GABRIEL :
« Je suis habituée à vivre avec des Indiens. »
JUDITH JASMIN :
« Si on vous demandait d'aller vivre à Schefferville, dans ces belles maisons ? »
MME GABRIEL :
« J'aimerais mieux rester ici, dans une belle maison, comme celles des Blancs. »

IMAGES
INDIENS
JOUANT
DE LA MUSIQUE

Comme les Blancs, on adopte la guitare, on écoute des airs dansants. Comme les Blancs, on aime rire, s'amuser. Après tout, on est des hommes et des femmes.

Comme les Blancs, on tient beaucoup à une certaine liberté.

Entrevue de Mme Nepton

MME NEPTON :
« L'Indien tient surtout à avoir la liberté d'un être humain. Pour pouvoir être libre comme les autres, au travail, dans les affaires. »
JUDITH JASMIN :
« Il a de la ségrégation au travail ? »
MME NEPTON :
« Oui, il y en a beaucoup. »
JUDITH JASMIN :
« Ici, au lac Saint-Jean, vous sentez que les Canadiens n'acceptent pas les Indiens ? »
MME NEPTON :
« Il y a certaines compagnies qui sont très bonnes pour les Indiens, d'autres moins. »
JUDITH JASMIN :
« Il y a encore du chemin à faire ? »
MME NEPTON :
« Oui, beaucoup. »

IMAGES
ASSEMBLÉE

Le drame de l'Indien qui veut rester lui-même, c'est de sentir que le fossé s'élargit chaque jour entre son milieu familial et le reste du monde. Du temps des premiers explorateurs, la différence n'était pas aussi surprenante, c'était celle qui sépare l'arbalète de la flèche. Souvenons-nous qu'alors l'Indien a aidé le Blanc à survivre à la famine et au scorbut. Sans lui (c'est Champlain qui le dit), jamais l'homme blanc n'aurait pu prendre pied au Canada et y fonder une colonie. Mais aujourd'hui, un chasseur qui reconnaît la passe d'un orignal à quelques brindilles cassées et un physicien nucléaire qui reconstitue dans son laboratoire la force du soleil expriment les deux pôles de notre univers. Ces deux hommes existent ici : c'est leur rencontre qu'il s'agit de préparer. Et qu'est-ce que vous pensez des Blancs ?

Entrevue de Mme Gabriel

MME GABRIEL :
« Ils sont plus chanceux que nous autres. »

IMAGES
ENFANTS
JOUANT À
L'EXTÉRIEUR

Plus de la moitié de nos Indiens ont moins de vingt ans. L'espoir est peut-être là. Pour eux, la tâche est immense : prendre pied dans un monde nouveau plus fermé, plus hostile que ne l'étaient l'hiver et la forêt du temps de Champlain. Notre civilisation fera-t-elle moins pour eux que les anciens « sauvages » ont fait pour nous ?

Ce reportage filmé était précédé d'une entrevue de la présentatrice de Champ libre, *Lizette Gervais, avec Judith Jasmin, et suivi d'une entrevue de Judith Jasmin avec M. Roméo Boulanger, surintendant régional pour le Québec des Affaires indiennes.*

NOTES BIBLIOGRAPHIQUES

L'engagement de la journaliste
Fonds Judith-Jasmin, Archives nationales du Québec à Montréal, conférence « L'Engagement de la journaliste : engagement social », Colloque sur l'engagement, Cercle des femmes journalistes, Montréal, 23 mai 1964, P143/4/44.

La femme et son univers
Fonds Judith-Jasmin, conférence, Saint-Jérôme : 1952, Québec : 10 déc. 1953, Ottawa : 2 fév. 1954, Rimouski : 20 avril 1954, P143/4/40.

Reportage imaginaire sur le Canada français
Fonds Judith-Jasmin, conférence « Reportage imaginaire sur le Canada français », Club Richelieu, Trois-Rivières, 26 nov. 1960, P143/4/44.

Pour la paix
Fonds Judith-Jasmin, « Discours prononcé par Mlle Judith Jasmin, à l'Université de Montréal », 14 sept. 1962, P143/4/44.

Pour un nationalisme positif
Fonds Judith-Jasmin, conférence « Pour un nationalisme positif », Club Kiwanis, Laval, 28 fév. 1963, P143/4/44.

Deux lettres sur le terrorisme
Fonds Judith-Jasmin, « Lettre au FLQ » publiée sous le titre « Lettre ouverte aux terroristes », sous le titre « Lettre ouverte aux terroristes » dans *Le Devoir* du 4 juil. 1963, P143/4/45.

Ibid., Madame Judith Jasmin fait une mise au point, *Le Devoir*, 5 juil. 1963, P143/6/63.

Sur l'assassinat de Robert Kennedy
« Reportage de Judith Jasmin sur l'assassinat de R. Kennedy, *La Semaine à Radio-Canada*, Vol. 2, n° 30 (20-26 juil.), p.3, Archives de Radio-Canada.

Les Nations Unies et la situation mondiale
Fonds Judith-Jasmin, conférence « Journée des Nations Unies »,
Québec, 24 oct. 1969, P143/3/35.

L'Algérie, l'an II de l'indépendance
Texte « L'Algérie », *Champ libre*, (émission d'une heure; jour-
naliste : Judith Jasmin, réalisateur : Marcel Blouin), CBFT, Radio-
Canada, Montréal, 26 oct. 1963, Archives de Radio-Canada.

L'Amérique noire, ou L'Autre Joue
Fonds Judith-Jasmin, texte « L'Autre Joue », *Champ libre*, daté
oct. 1963, (journaliste Judith Jasmin, réalisateur Gilles Derome),
CBFT, Radio-Canada, Montréal, 2 nov. 1963), P143/3/21.

Les Fils d'Inuk
Fonds Judith-Jasmin, texte « Les Fils d'Inuk », *Champ libre*,
(reportage d'une demi-heure; journaliste : Judith Jasmin, réalisateur : Marcel Blouin), CBFT, Radio-Canada, Montréal, 7 nov.
1964, P143/3/21.

Les Indiens du Québec
Texte « Les Indiens du Québec », *Champ libre*, (émission d'une
heure; journaliste : Judith Jasmin, réalisateur : Marcel Bouin),
CBFT, Radio-Canada, Montréal, 16 janv. 1965, Archives de
Radio-Canada.

TABLE DES MATIÈRES